Britta Kienle

Kartenlegen leicht erlernbar

nach Art der Madame Lenormand

Das große Übungsbuch

Einfach und schnell
zum professionellen Kartenlegen

Herstellung:
Books on Demand GmbH,
Norderstedt

ISBN: 978-3-936568-19-6

www.brika-verlag.de
Brigitte Kienle

Quellennachweis: Günther Hager, Numerologie und Tarot. Urania Verlag, 1992. ISBN 3-908 644-84-4 (mit freundlicher Genehmigung des Urania Verlages)

Das große Übungsbuch

Einfach und schnell
zum professionellen Kartenlegen

Das Übungsbuch
können Sie begleitend
zum großen Selbstlernkurs,
zum Kompaktkurs, Fernkurs, zu den Lehrbüchern,
als auch zu meinen Seminaren
einsetzen.

Der große Selbstlernkurs

nach Art der Madame Lenormand

Die vorliegende Neuausgabe in einem Band enthält Übungen und Illustrationen der Lehrbücher I-IV, ist jedoch aktualisiert und um ein Vielfaches erweitert worden.
Auf diese Weise erarbeiten wir uns gemeinsam Schritt für Schritt eine solide Basis, die Ihnen auf Ihrem Weg zum professionellen Kartenlegen eine große Hilfe sein wird.
Auf jede Übung folgt meine eigene Interpretation. Beispiele geben Ihnen nun die Chance, Ihr Können innerhalb eines größeren Sachzusammenhanges anzuwenden und Ihr neu erworbenen Fähigkeiten zu vertiefen
Abbildungen: **Brittas Wahrsagekarten** nach Art der Madame Lenormand und die Karten der **Blauen Eule**

Bei Interesse an Fernkursen und Seminaren –

Kartenlegen leicht erlernbar

- Madame Lenormand leicht erlernbar
- Kipperkarten leicht erlernbar
- Zigeuner-Wahrsagekarten leicht erlernbar

www.kartenlegekurse.de:
Britta Kienle Telefon: 0711 316 7200

Sofortiges Kartenlegen
0900 57 66 20 400 – Euro 1,49/min
v.dt.Festnetz ggf. abweichenden Preis aus dem Mobilfunknetz)
(Preise vom Jahr 2008)

Autorin Britta Kienle

Liebe Leserin, lieber Leser,

das vorliegende Lehrbuch bietet Ihnen einen Leitfaden für den professionellen Umgang mit Karten.

Jeder Mensch ist ein Individuum. Dies bedeutet unter anderem, dass jede/r Kartenleger/in im Laufe der Zeit sein oder ihr persönliches System entwickeln wird.

So gibt es kein allgemein gültiges Rezept, wie oder womit Sie Ihre Beratungen durchführen können.

Daher kann seitens des Verlages oder der Autorin für sich eventuell ergebende Fehlinterpretationen oder Fehlberatungen seitens der Leserschaft keine Verantwortung übernommen werden.

Inhalt:

Lieber Kartenleger, Liebe Kartenlegerin!

Wer sich intensiv mit dem Kartenlegen befasst, möchte irgendwann auch einen Punkt erreichen, an dem es ihm möglich ist, selbständig und ohne größere Schwierigkeiten eine sinnvolle Aussage über eine Situation und deren mögliche Ausgänge machen zu können.

Das Ziel eines jeden Kartenlegers sollte es sein, letzten Endes frei und seiner selbst sicher arbeiten zu können, und eventuelle Schwierigkeiten und Hindernisse auf diesem Weg möglichst aus eigener Kraft und Antrieb zügig zu überwinden.

Wie in den meisten Fällen kann auch beim Kartenlegen nicht genug darauf hingewiesen werden, wie wichtig stetes Üben für das Erreichen dieser Sicherheit ist.

Aus diesem Grund habe ich mich entschlossen, Ihnen mit Hilfe eines speziell auf meine Methode zugeschnittenen Übungsbuches unterstützend unter die Arme zu greifen.

Zahlreiche zusätzliche Übungen und kleine Selbsttests werden Ihnen helfen, ein besseres Gespür für Ihre Karten zu bekommen und so nach und nach ein Gefühl für die richtige - nämlich die der jeweiligen Situation angepasste - Bedeutung einer Karte, einer Kartenreihe, oder letzten Endes eines ganzen Tableaus zu bekommen.

Dabei spielt es übrigens keine Rolle, mit welchem meiner Lehrwerke Sie arbeiten.

Die Übungen im vorliegenden Band eignen sich sowohl für die Arbeit mit dem Kompaktkurs, und dem großen Selbstlernkurs als auch mit den Lehrbüchern.
Auch zum Fernkurs oder zu meinen Seminaren können sie begleitend eingesetzt werden.

Angefangen vom Ziehen und situationsangepassten Interpretieren einer einzelnen Karte, bis hin zum Abdecken und Deuten eines Grand Tableaus unter Einbeziehen sämtlicher Kombinationen, sowie der Zeit- und Zukunftskarten, werden in diesem Übungswerk ausnahmslos alle Bereiche meiner Lehrmethode abgedeckt.

An dieser Stelle bleibt mir wie immer nur, Ihnen viel Spaß und Erfolg mit Ihren Karten und meinen Übungen zu wünschen!

Die Lösungen zu den Übungsaufgaben finden Sie wie gewohnt im Anhang nach den Übungsaufgaben.

Ihre Britta

Das Ziehen und Interpretieren einer einzelnen Karte

Übungen

1) Das Ziehen und Interpretieren einer einzelnen Karte

Erinnern Sie sich an die Bedeutungen der einzelnen Karten? Schreiben Sie die Aussagen der folgenden Karten stichwortartig neben die abgebildeten Wahrsagekarten!

a) Schlüssel

....

....

b) Lilie

....

....

Lösung: Seite 113

c) Schiff

....

....

d) Turm

....

....

e) Fische

....

....

Lösung: Seite 113

f) Sterne

....

....

g) Storch

....

....

h) Brief

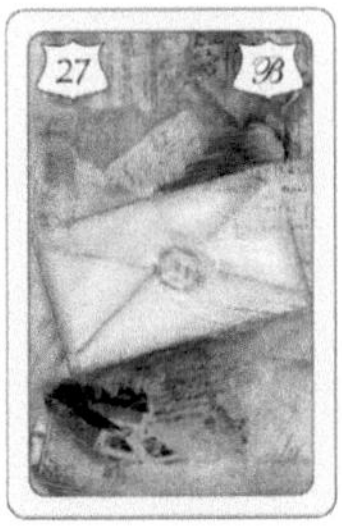

....

....

Lösung: Seite 113

2) Welche Lenormand-Karte bezieht sich auf das genannte Thema?

a) Zuhause, Heim, häuslicher Bereich

....

b) Telefonanruf

....

c) Erfolg

....

d) kleiner Kummer

....

e) Gefühle oder Anerkennung

....

f) Sehnsüchte

....

g) Veränderung

....

h) kurzer Kontakt, SMS, Fax

....

Lösung: Seite 113

Zwei Karten miteinander verbinden

1) Zwei Karten miteinander verbinden
Bitte interpretieren Sie die jeweiligen Aussagen im Zusammenhang!

a) Sonne + Turm

....

b) Frau + Sterne

....

c) Haus + Rute

....

d) Fuchs + Reiter

....

e) Fische + Ratte

....

f) Fische + Mann

....

g) Sense + Herz

....

Lösung: Seite 114

h) Klee + Fische

....

i) Herz + Ratte

....

j) Ring + Blumen

....

k) Wolken + Reiter

....

l) Rute + Wolken

....

Tipp: Karten mit mehreren Bedeutungen

Erinnern Sie sich an die doppelte Bedeutung der Karte *Wolken*? *Am Ende* einer Deutungsreihe bedeutet diese Karte: *Es löst sich wieder auf.*

Bei der *Rattekarte* handelt es sich sowohl um eine *Krankheits*- als auch um eine *Warnkarte*.

Lösung: Seite 114

Drei und mehr Karten miteinander verbinden

Um Ihnen das Nachvollziehen der Übungen zu Beginn noch etwas zu erleichtern, habe ich in diesem Kapitel die vorherigen Übungen noch einmal aufgegriffen und um jeweils eine oder mehrere zusätzliche Karten erweitert.

Verbinden Sie in den folgenden Übungen die angegebenen Karten und treffen Sie dann eine Aussage, in der Sie die einzelnen Bedeutungen miteinander verbinden.

Lassen Sie hierbei ruhig Ihrer Eingebung und Ihrem Gefühl freien Lauf und formulieren Sie Ihre Aussage in Ihren eigenen Worten in ein oder zwei Sätzen.

Bitte vergessen Sie nicht, dass diese Beispiele aus Ihren jeweiligen Zusammenhängen gerissen wurden und – je nach Gesamtzusammenhang oder Ausgangssituation – mehrere Arten der Deutung in Frage kommen.

Lediglich die Grundaussagen Ihrer und meiner Deutung sollten daher übereinstimmen.

Wie Sie sicherlich aus meinen Lehrwerken wissen, können Sie nur das interpretieren, was die Karten Ihnen persönlich vermitteln.
Daher deuten auch erfahrene Kartenleger eine Kartenreihe oder ein Tableau oftmals recht unterschiedlich und weichen auch in Ihren Aussagen nicht unerheblich voneinander ab.

Meine Musterlösung im Anhang habe ich daher so neutral wie möglich gehalten.

1) Drei oder mehr Karten miteinander verbinden

Hinweis:
Bitte beachten Sie bei der Lösung dieser Aufgaben sowohl die Aussagen der einzelnen Karten, als auch die Reihenfolge, in der die Karten jeweils liegen!

a)

....

....

b)

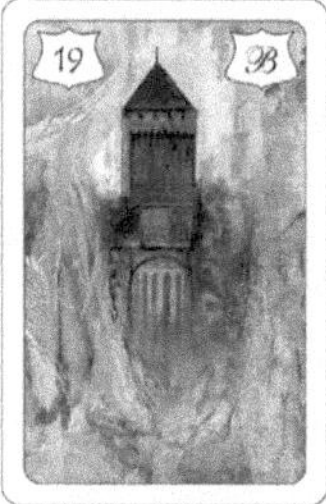

....

....

c)

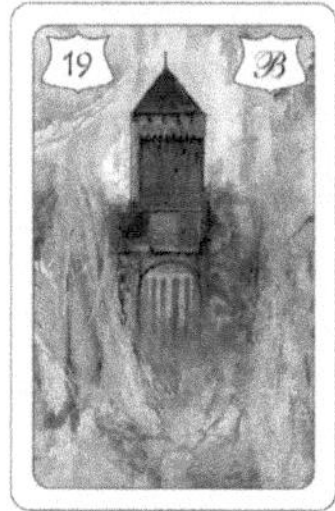

....

....

Lösung: Seite 115

2) Mehrere Karten verbinden

a) Sonne + Turm + Ring

....

b) Frau + Sterne + Herz

....

c) Haus + Rute + Mann + Klee

....

d) Fuchs + Reiter + Ratte

....

e) Fische + Ratte + Wolken

....

f) Mann + Buch + Fische

....

g) Sense + Storch + Herz + Ratte

....

h) Frau + Klee + Fische

....

> Brittas Tipp:
>
> Weitere Übungen mit vielen Tipps finden Sie im **großen Selbstlernkurs**
>
> erhältlich im www.Brika-Verlag.de

Lösung: Seite 115

i) Wolken + Buch + Herz + Ratte

....

j) Mann + Reiter + Brief + Ring + Blumen

....

k) Wolken + Reiter + Haus + Rute

....

l) Turm + Reiter + Rute + Wolken

....

Lösung: Seite 116

3) Mehrere Karten verbinden

Die nachfolgenden Kartenreihen bestehen aus ein und denselben Karten. Lediglich die Reihenfolge hat sich jedes Mal ein wenig verändert.
Erkennen Sie die Unterschiede, die sich dadurch in der Aussage ergeben?

a)

....

b)

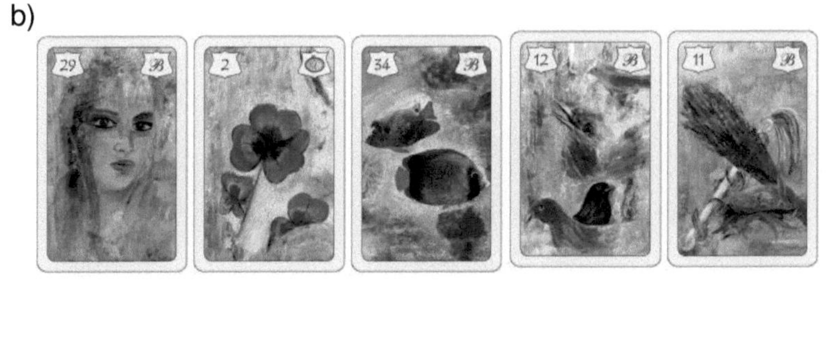

....

Lösung: Seite 116

c)

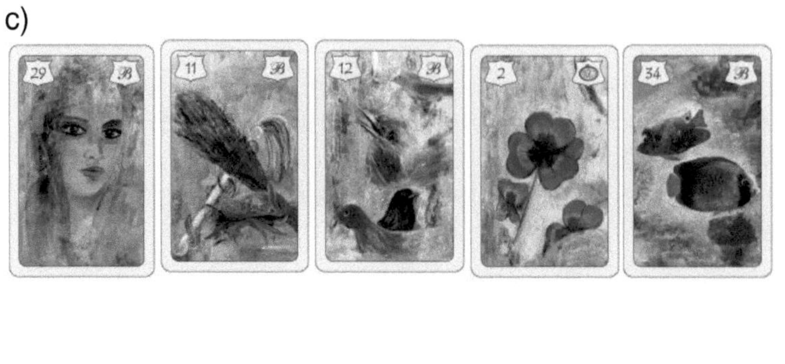

....

d)

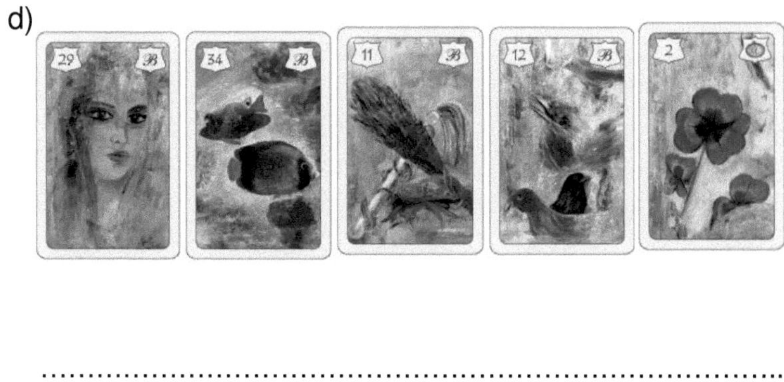

....

Lösung: Seite 116

Übungen
zu den Negativ-Karten

Einige Hinweise zum Umgang mit den so genannten Negativ-Karten:

Wie Ihnen aus den Lehrwerken bereits bekannt sein dürfte, weist Ihr Lenormand-Kartendeck vier Karten auf, denen im Allgemeinen eine ausgesprochen unangenehme Bedeutung zugewiesen wird. Diese Karten deuten auf Verluste, Ärger, Unannehmlichkeiten und Krankheiten hin.

Selbstverständlich handelt es sich auch hier nicht um unabwendbare Katastrophen.
Vielmehr sollen uns diese Karten vor möglichen Gefahren warnen, und uns gegebenenfalls zum Umdenken anregen.

Noch ist ja nichts verloren.

Unser Schicksal ist bekanntermaßen niemals unabwendbar.
Tatsächlich liegt es zu jeder Zeit in unserer Hand, welchen Weg wir einschlagen und inwiefern wir uns bemühen können, alles noch einmal zum Guten zu wenden.

Beachten Sie bitte auch,
wie schnell man unangenehme Bemerkungen
in den falschen Hals bekommen kann.

Treffen Sie daher niemals leichtfertig oder unüberlegt eine negative Aussage, durch die letzten Endes größer Schaden entstehen kann.

Weisen Sie die Menschen, für die Sie die Karten gerade legen lediglich auf die bestehende Gefahr hin und geben Sie gleichzeitig den Rat, mit Umsicht und Bedacht vorzugehen.

Bei den so genannten Negativ-Karten handelt es sich um die folgenden Lenormand-Karten:

Nr. 8 Sarg
Gesundheit
Krankheiten

Nr. 11 Rute
Streit, Verdruss,
Ärger

Nr. 12 Vögel
Kleiner Kummer,
vorübergehend

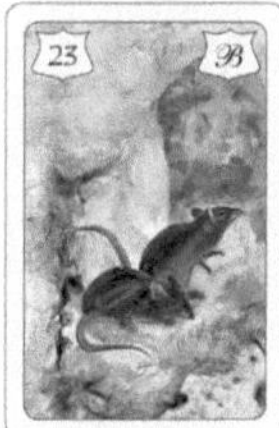

Nr. 23 Ratte
Verluste, Ängste,
sowie Krankheiten

1) Übungen mit der Karte Vögel

Tipp:
Bedenken Sie bitte, dass die Karte Vögel über eine weitere Besonderheit verfügt:

Neben Ihrer Bedeutung als *„Kummer“* oder *„Mühen“* kann sie ebenfalls als Anregung gesehen werden, sich um einen bestimmten Bereich besonders zu **be**mühen!

a) Mann + Vögel

....

b) Mann + Vögel + Frau

....

oder:

....

c) Mann + Vögel + Fische

....

Lösung: Seite 117

oder

....

d) Frau + Turm + Vögel + Wolken

....

e) Frau + Schlange + Vögel + Klee

....

f) Mann + Liebe + Vögel

....

oder

....

g) Kind + Vögel + Turm

....

oder

....

h) Sonne + Ring + Vögel + Wege

....

oder

....

Lösung: Seite 117

2) Übungen zur Karte Rute

Tipp:
Bei Aufgabe e) muss die *Fuchskarte* negativ gedeutet werden, da sie in Verbindung mit einer Negativ-Karte liegt.

Sehen Sie den Fuchs als hinterlistigen Jäger an, der sich hinterrücks an sein ahnungsloses Opfer heranschleicht.

Man könnte also in diesem Fall von einem Streit sprechen, der sich langsam und unbemerkt einschleicht, bis es schließlich zum offenen Streitgespräch kommt.

a) Bär + Rute + Fische

....

b) Hund + Turm + Rute + Kind

....

c) Hund + Turm + Rute + Kind + Reiter + Klee + Wolken

....

Lösung: Seite 117 / 118

d) Frau + Rute + Fische + Mann

....

e) Bär + Fuchs + Sense + Rute

....

f) Frau + Herz + Rute

....

Lösung: Seite 118

ACHTUNG: Wichtiger Hinweis

Bei den Karten **Nr. 8** ***Sarg*** und **Nr. 23** ***Ratte*** handelt es sich um so genannte Negativ- oder Krankheitskarten.

In gewissen Konstellationen und Kombinationen können diese Karten also auf bestimmte **Krankheiten** hin deuten.

Hinweise auf Krankheiten sollten Sie in Gesprächen jedoch nur geben, wenn Sie sich Ihrer Sache ganz sicher sind.
Selbst dann sollten Sie keine medizinische Diagnosen stellen, sondern Ihr Gegenüber lediglich darauf aufmerksam machen, doch auf sein Herz/Venen/Magen etc. zu achten, oder, wenn er oder sie sich tatsächlich bereits nicht wohl fühlen sollte, einen Arzt oder Heilpraktiker aufzusuchen.

Bedenken Sie bitte:
Selbst Krankenschwestern und –Pfleger mit langjähriger Berufserfahrung dürfen in unserem Land keine Diagnosen stellen, da durch eine falsche Vermutung großer Schaden erstehen kann.

Versetzen Sie Ihre Mitmenschen
also bitte nicht unnötig in Panik!

Auch private Probleme stellen stets einen besonders heiklen Themenbereich dar und Aussagen hierzu könnten rasch als unerwünschte Einmischung verstanden werden.

Respektieren Sie in diesem Fall die Wünsche Ihres Gegenübers und machen Sie keine Aussagen zu einem Thema, über das der Andere nichts hören oder wissen möchte.

Dies könnte etwa Krankheiten in der Familie oder im Freundeskreis betreffen, oder auch Ehe- und Beziehungsprobleme aller Art.

3) Übungen mit den Karten Sarg und Ratte

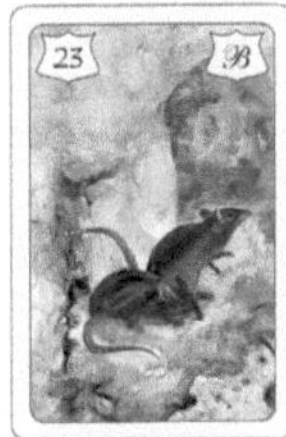

Tipp:
Vergessen Sie bei aller Beachtung der Krankheitshinweise bitte nicht, dass diese Karten auch andere negative Bedeutungen beinhalten können.

So weist die Rattekarte neben Krankheiten auch auf Verluste, Verdruss und Ängste hin.

Durch die zusätzliche Funktion als allgemeine Warnkarte hat sie eine weitaus stärkere Aussagekraft als die Sargkarte.

a) Frau + Sarg

....

b) Kind + Sarg

....

c) Kind + Ratte + Turm + Sarg

....

Lösung: Seite 118

4) Welche Karten müssen liegen, um die genannte Aussage zu erhalten?

Brittas Tipp:

Alle Krankheits/ Gesundheits-kombinationen finden Sie in meinem Lehrbuch **„Brittas Kombinationen auf einem Blick“** erhältlich im www.Brika-Verlag.de

a) Diese Frau fürchtet sich vor ihrem Mann.

Frau + ………… + Mann

b) Dieser Mann leidet unter einer depressiven Verstimmung.

Mann + ……….. + …………

c) Die Partnerschaft macht krank

………… + Ring

d) Blasen- oder Nierenleiden

Sarg + …………..

e) Dieser sehr junge Mann fürchtet sich davor, eine klare Entscheidung zu treffen.

………… + ……………… + ……………………

f) Magen-Darmerkrankung

…………+ ……………

Achtung:
Sarg = Krankheit
Ratte = Angst, Verlust, Krankheit

Lösung: Seite 118

Momentanzustand

In der folgenden Übung zum Momentan-Zustand wollen wir bereits einen Schritt weiter gehen.
Diesmal fassen wir die einzelnen Interpretationen zu einem sinnvollen Ganzen zusammen!

1) Der Momentan - Zustand

a)

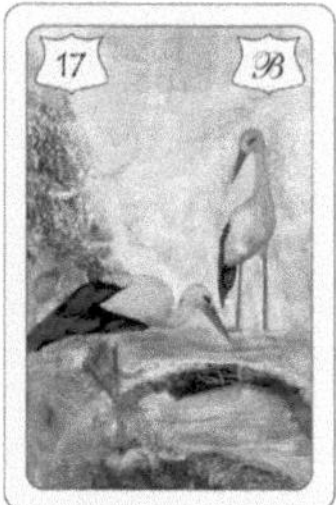

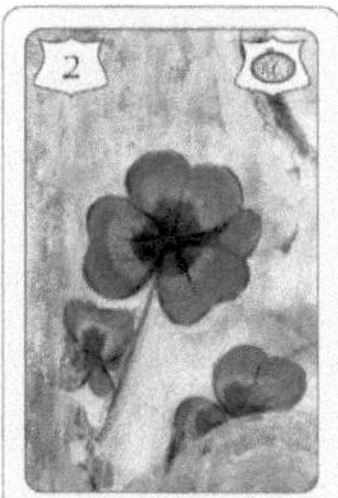

Nun verbinden Sie diese Konstellationen und interpretieren Sie diese in Ihren eigenen Worten:

1...

2...

3...

4...

Als nächstes fassen Sie diese 4 Punkte zu einem oder auch mehreren Sätzen zusammen.

....

....

....

Ratschlag:

....

....

Lösung: Seite 119

weiteres Beispiel:

b)

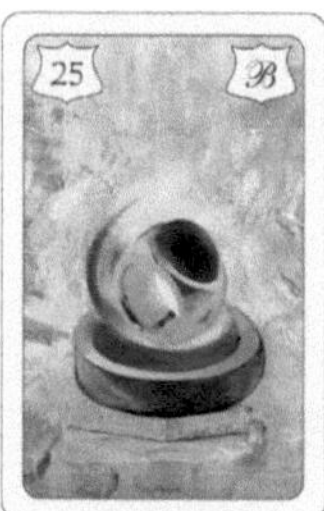

Nun verbinden Sie diese Konstellationen und interpretieren Sie diese in Ihren eigenen Worten:

1...

2...

3...

4...

Als nächstes fassen Sie diese 4 Punkte zu einem oder auch mehreren Sätzen zusammen.

....

....

Ratschlag:

....

....

Lösung: Seite 120

weiteres Beispiel:

c)

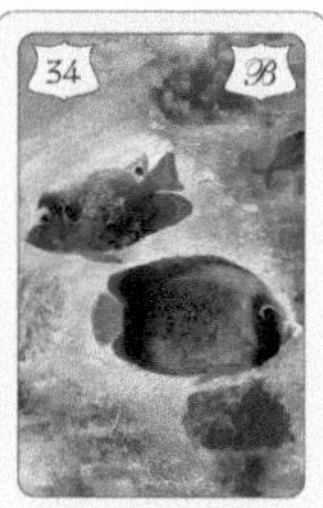

Lösung: Seite 120

Nun verbinden Sie diese Konstellationen und interpretieren Sie diese in Ihren eigenen Worten:

....

....

....

....

Ratschlag:

....

....

....

Lösung: Seite 120 / 121

2) Werfen wir nun einmal einen Blick in ein großes Kartenbild!

Die Frage lautet: Wie steht es mit der Liebe?

Der Momentan-Zustand und die nahe Zukunft

	Nr. 25 Ring						
Nr. 16 Sterne	Nr. 24 Herz	Nr. 2 Klee					
	Nr. 9 Blumen						

Lösung: Seite 121

Betrachten Sie die Karte Nr. 24 Herz im großen Kartenbild.

Sie erinnern sich?

Hier fragten wir nach der Liebe!

Auch in diesem Beispiel werden wir wieder in der üblichen Reihenfolge vorgehen.

Bitte interpretieren Sie den Momentanzustand nun also im Bezug auf das große Thema ***„Liebe“***

....

....

....

....

....

....

Lösung: Seite 121

Besonderheiten von sieben Karten

Den folgenden 7 Karten sollten Sie beim Lernen besondere Aufmerksamkeit zukommen lassen, da sie, je nach Zusammenhang im Kartenbild, nicht nur eine, sondern mehrere unterschiedliche Aussagen machen können.

Daher genügt es nicht, sich einfach nur die Bedeutungen dieser Karten zu merken.
Vielmehr müssen Sie hier auch die unterschiedlichen Zusammenhänge beachten und Ihre Intuition walten lassen.

1) Schlüssel

a) Kraft, Arbeit und Aktivitäten

b) Liegt die Karte **Schlüssel** mit der Karte **Herz**, oder auch mit der Karte **Lilie** zusammen in einer Deutungslinie, so bedeutet dies *Ausführung dieser Liebe (Sexualität)*

Ein Beispiel für Sie zum Üben:

a) Herz + Lilie + Schlüssel ………………………………..

b) Herz + Schlüssel ………………………………..

Lösung: Seite 122

2) Auch die Karte **Vögel** hat 2 Bedeutungen

a) Kleiner Kummer, Sorgen, Probleme
b) Man muss sich **be**mühen um ....

Beispiel

a) Mann + Vögel + Turm

....

oder

....

b) Mann + Rute + Vögel + Kind + Turm

....

oder

....

Lösung: Seite 122

3) Wolken - wie Sie wissen bedeutet diese Karte

a) Unklarheiten, undurchsichtig, nicht deutlich erkennbar
b) Liegt diese Karte **Wolken** am Ende (Schluss) einer Deutungslinie, so bedeutet dies: Es löst sich wieder auf.

Beispiel

a) Frau + Bär + Vögel + Wolken

....

b) Sarg + Ratte + Wolken

....

c) Frau + Vögel + Finanzen + Wolken

....

Lösung: Seite 122

4) Buch

Diese Karte bedeutet:
Wissen sammeln, Wissen erlernen, Geheimnis haben

Liegt die Karte vor einer anderen Karte, bedeutet sie
Es ist noch nicht spruchreif (man weiß es noch nicht).

Zum Beispiel

a) Buch + Vögel

....

b) Frau + Buch + Herz + Schlüssel + Bär

....

c) Frau + Vögel + Buch + Herz + Schlüssel + Bär

....

d) Frau+Vögel+Buch+Herz+Schlüssel+Bär+Ring+Schlange

....

Lösung: Seite 123

5) Die Karte **Ratte** weist gleich 3 verschiedene Bedeutungen auf:

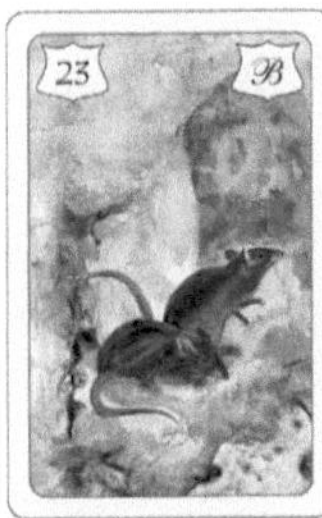

a) Verlust, Angst oder Krankheit
b) Man hat etwas verloren (Liebe, Geld ...)
oder
c) Angst (vor der Liebe, Ehe, Arbeit, Krankheit ...)

Beispiel

a) Herz + Ratte ....
oder als Krankheitskarte:
....

b) Ratte + Herz ....

c) Mann + Ratte + Turm ....

d) Frau + Fische + Ratte ....

e) Frau + Ratte + Fische ....

Lösung: Seite 123

6) Auch die Karte **Sense**
kann unterschiedlich gedeutet werden:

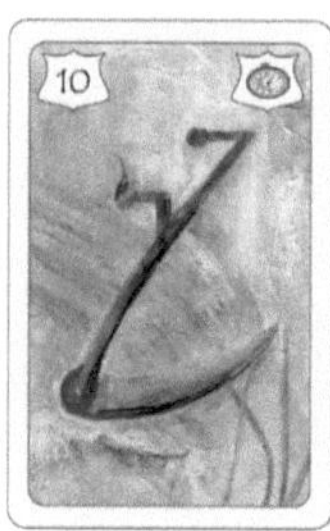

Liegt die Karte **Nr. 10 Sense**

1. Am **Anfang** einer Reihe eines Kartenbildes,
so bedeutet sie:
Plötzlich beginnt ... oder kommt ... .
(Was? Siehe nächste Karte im Kartenbild.)

2. Am **Ende** einer Reihe eines Kartenbildes,
so bedeutet sie:
Plötzliches Ende einer Angelegenheit

3. In der **Mitte** einer Kartenreihe
rechts neben einer Personenkarte (PK):
Diese Person sollte sich durchsetzen.
oder diese Person ist dominant / durchsetzungsfreudig.

Beispiel

a) Dieser Mann ist dominant ……….. + …………

b) Plötzliche Liebe ……….. + …………

c) Die Liebe wird beendet ………… + …………

d) Plötzliche Liebe, die sich allerdings wieder auflöst

Sense + Herz + ………………..

e) Turm + Sense ………… + …………

g) Dieser Mann ist dominant, egoistisch und streitsüchtig

Mann + ……….. + ……….

Lösung: Seite 124

7) Karte Nr. 22 Wege

1. Liegt die Karte Nr. 22 am **Anfang einer Reihe** bedeutet dies: Neue Wege werden beschritten.

2. Liegt die Karte Nr. 22 **am Ende einer Reihe** bedeutet dies: Man wird sich trennen oder man hat sich getrennt.

3. Liegt die Karte Nr. 22 **direkt** nach einer Themen- oder Personenkarte **(rechts)** bedeutet dies: Entscheidungen treffen oder nach einer Lösung suchen

Beispiele:

a) Mann + Wege + Storch + Haus

....

b) Mann + Wege + Frau

....

c) Wege + Turm + Sonne

....

Lösung: Seite 124

Wir schauen in die Vergangenheit

Wir schauen in die Vergangenheit

Erinnern Sie sich an diese Art der Deutung?

Stellen Sie sich bei der Lösung dieser Aufgaben am besten einen Wandkalender vor.

Wir befinden uns etwa in der Mitte des Jahres und somit auch in der Mitte des Blattes.

Wohin wenden Sie nun Ihren Blick, wenn Sie eine Eintragung in der Vergangenheit suchen?
Richtig: Nach links. Und je weiter das Ereignis zurückliegt, desto weiter wird Ihr Blick nach links wandern.

Mit Ihrem Kartenbild verhält es sich ganz genauso.
Beginnen Sie bei der **Gegenwart** und lassen Sie Ihren Blick über die jüngere Vergangenheit nach links zur Ursache der Situation hin schweifen.

Beispiel:

a) Turm + Mann + Rute + **Frau**

← ***Vergangenheit***

....

Lösung: Seite 125

b) Turm + Reiter + Rute + **Frau**

Vergangenheit

....

c) * Storch + Haus + Klee + Vögel + **Mann**

Vergangenheit

....

d) * Ratte + Sterne + **Frau**

Vergangenheit

....

e) Vögel + Ring + Mann + Rute + **Frau**

Vergangenheit

....

*** Kombinationen:**

Haus + Storch > Umzug oder Renovierung
Ratte + Sterne > Trauer, Tränen Depressionen, Sucht

Lösung: Seite 125

Waagrechte Kartenreihe
von der ersten bis zur achten Karte

1) Wir lesen sowohl von der *ersten bis zur letzten Karte*, als auch in die *Vergangenheit* und in die *Zukunft*!

a)

Nr. 25	Nr. 21	Nr. 12	Nr. 28	Nr. 32	Nr. 6	Nr. 22	Nr. 31
Ring	Berg	Vögel	Mann	Mond	Wolken	Wege	Sonne
→	→	→	→	→	→	→	→

Interpretieren Sie von der 1. Karte Ring aus gesehen nach rechts bis hin zur achten Karte.

....

b)
Nun gehen wir von der Personenkarte des Mannes aus und deuten unsere Reihe jeweils von diesem Punkt aus gesehen *nach links in die Vergangenheit* und *nach rechts in die Zukunft.*

Nr. 25	Nr. 21	Nr. 12	Nr. 28	Nr. 32	Nr. 6	Nr. 22	Nr. 31
Ring	Berg	Vögel	Mann	Mond	Wolken	Wege	Sonne
←	←	←	←→	→	→	→	→

Bitte interpretieren Sie die **Vergangenheit** von Nr. 28 Mann aus gesehen nach links:

....

Bitte interpretieren Sie die **Zukunft** von Nr. 28 Mann aus gesehen nach rechts:

....

Lösung: Seite 125 / 126

Nun interpretieren Sie die **Vergangenheit** mit der **Zukunft** gemeinsam:

....

....

c)

Nr. 24 Herz ←	Nr. 11 Rute ←	Nr. 12 Vögel ←	Nr. 28 Mann ←→	Nr. 17 Storch →	Nr. 6 Wolken →	Nr. 16 Schiff →	Nr. 9 Blumen →

Bitte interpretieren Sie sowohl die **Vergangenheit**, als auch die **Zukunft** dieses Mannes:

....

....

....

....

Lösung: Seite 126

Tipp: Interpretationsmöglichkeiten

Sie können eine Kartenreihe wie folgt lesen:

Waagrecht
von rechts nach links **und** von links nach rechts

Senkrecht
von oben nach unten **und** von unten nach oben

Diagonal rechts
von oben nach unten **und** von unten nach oben

Diagonal links
von oben nach unten **und** von unten nach oben

Ebenso können Sie das gleiche System anwenden, wenn Sie ausgehend von einer **Personenkarte** waagrecht, senkrecht oder diagonal interpretieren.

Das heißt:
Lesen Sie von einer **Personenkarte** aus nach *links* in die **Vergangenheit** und nach *rechts* in die **Zukunft.**

Die gleiche Verfahrensweise können Sie bei der Interpretation einer senkrechten Deutungsreihe anwenden.
Lesen Sie nach oben in die Vergangenheit und nach unten in die Zukunft.

Bemerkung
Setzen Sie dieses System nur ein, wenn jede dieser Aussagen für sich gesehen auch einen Sinn ergibt.

Kombinationen

Kombinationen

Die Kombinationen entnehmen Sie bitte den entsprechenden Lehrbüchern, sowie meinem Zusatzband „Alle Kombinationen auf einen Blick“.

Tipp:
Um Kombinationen richtig zu erkennen, müssen Sie die Bedeutungen der einzelnen Karten soweit verinnerlicht haben, dass Sie auch deren Bedeutung innerhalb der Kombination leicht nachvollziehen können.
So können Sie die meisten Kombinationen leicht und schnell erkennen, ohne diese stupide auswendig lernen zu müssen.

Beispiel:

Haus (häuslich) + Storch (Veränderung)

Wenn Sie ein wenig logisch kombinieren, werden Sie sicherlich auch von selbst schnell auf die Bedeutung *Renovierung* oder *Umzug* kommen.

Tipp:
Fragen Sie die Person, für die Sie die Karten legen, wenn Sie sich Ihrer Sache unsicher sind:

- *Möchten Sie renovieren oder umziehen?*

oder merken Sie an:

- *Ich sehe eine Renovierung oder einen Umzug.*

Trainieren Sie Ihre bildliche Vorstellung:

a 1.) Sense + Herz

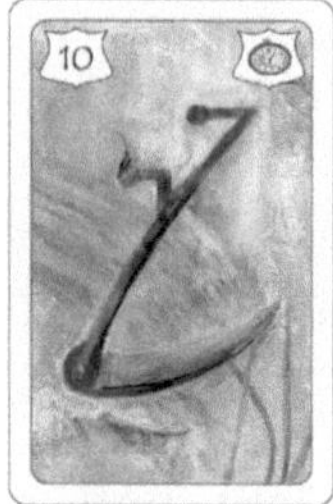

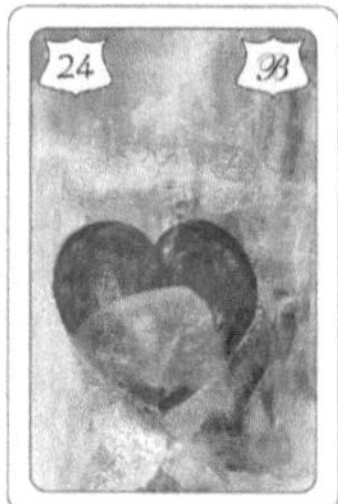

Plötzlich Liebe

....

Achtung:
sollten die Karten umgekehrt liegen, dann wäre die Aussage

2.) Herz Sense

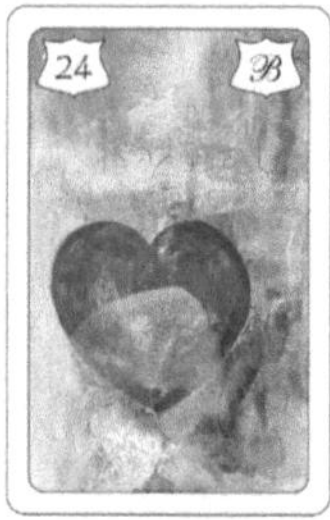

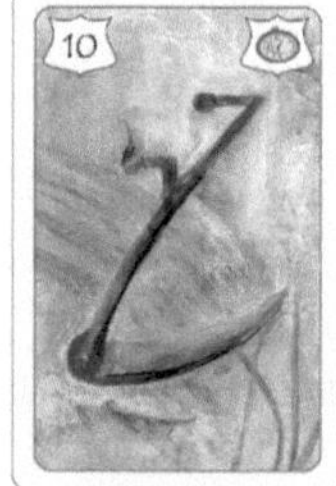

Liebe Ende

....

Lösung: Seite 127

b) Ratte | Herz

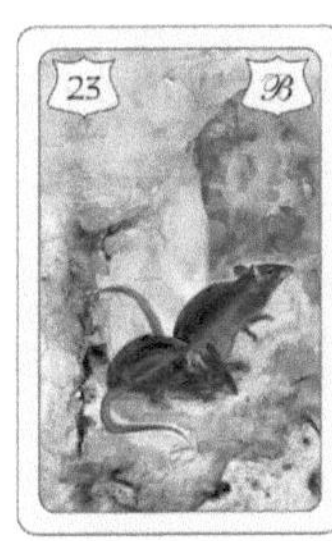

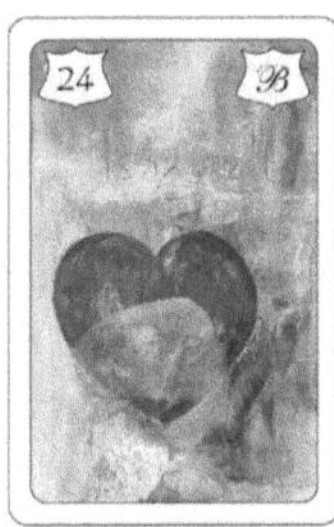

Angst, Verlust, Krankheit | Liebe

....

Tipp:
Hat eine Karte (wie in diesem Beispiel die Rattenkarte) gleich mehrere Bedeutungen, so probieren Sie aus, welche dieser Bedeutungen im jeweiligen Kontext am sinnvollsten ist.

Angst vor der Liebe — ja, könnte ich mir vorstellen

Verlust, und dann wieder Liebe — ja, könnte ich mir vorstellen

Kranke Liebe — nein, eher als Krankheitskarte:
- krank mit dem Herz, Kreislauf, Blutdruck.

***Lösung*: Seite 127**

Tipp
Sollten Sie eine Kombination in Ihrem Tableau einmal nicht erkennen, so können Sie die Karten auch einfach der Reihe nach interpretieren.

Versuchen Sie nun, mittels Ihrer Vorstellungskraft und Ihrer Intuition, die folgenden Kombinationen zu erkennen und in sich aufzunehmen:

c) Brief + Ring + Turm

....

d) Storch + Lilie + Kind + Schlüssel

....

e) Fische + Sarg + Fuchs

....

f) Fische + Fuchs + Ratte

....

g) Sense + Reiter + Rute + Ratte

....

h) Brief + Ring + Schlüssel

....

Lösung: Seite 127

i) Ring + Rute + Schlüssel

....

j) Rute + Turm + Garten + Brief

....

k) Dominanter, aggressiver Mann

Mann + ...+ ....

l) Autofahren

.... + Schlüssel

m) Flugreise ins Ausland

Schiff + ... + Storch

n) Kopfschmerzen

.... + Sarg

o) sehr starke Kopfschmerzen, Migräne

.... + ... + Sarg

p) großer Gewinn

..............+ Fische

Brittas Tipp:

Weitere Kombinationen finden Sie in meinem Band **„Brittas Kombinationen auf einem Blick“**

erhältlich im www.Brika-Verlag.de

Lösung: Seite 127

2) Bitte ordnen Sie die Aussagen den entsprechenden Kartenkombinationen zu!
Achtung: Es bleiben Aussagen übrig!

1. Klee + Sarg
2. Blumen + Sarg
3. Wege + Sarg
4. Herz + Sarg
5. Storch + Sarg
6. Mond + Sarg
7. Ring + Sarg

a) Halsschmerzen
b) Allergie
c) Füße, Beine
d) Kopfschmerzen
e) Magen-Darm
g) Blase, Nieren
f) Schlafstörungen
h) Blutdruck
i) Nerven
j) Stress

Lösung: Seite 128

3) Wie würde sich ein Umzug auswirken? Kombinationen innerhalb einer Deutungslinie erkennen und interpretieren.

Erinnerung: Kombinationen müssen immer innerhalb ein und derselben Deutungslinie liegen.
Wo sich diese Deutungslinie im großem Kartenbild befindet, und ob sie senkrecht oder waagrecht verläuft, ist hingegen vollkommen unerheblich.

Beispiel: Die Kombination „Umzug" in der senkrechten Deutungslinie:

			Nr. 28 PK				
			Nr. 4 Haus				
			Nr. 12 Vögel				
			Nr. 17 Storch				
			Nr. 21 Berg				

Ist dieser Umzug mit Schwierigkeiten verbunden?

....

***Lösung*:** Seite 129

4) Wie würde sich ein Umzug auswirken?

Interpretieren Sie diesmal bitte die waagrechte Deutungslinie:

Kombination: Haus + Storch

		Nr. 29 PK	Nr. 21 Berg	**Nr. 4 Haus**		**Nr. 17 Storch**	Nr. 2 Klee

Ist dieser Umzug positiv oder negativ zu sehen?

....

Was würden Sie einem Menschen raten, dessen Umzug sich im obigen Kartenbild zeigt?

....

Lösung: Seite 129

Zukunftskarten

Einführende Übungen zu den Zukunftskarten:

Die Zukunftskarten können Ihnen Aufschluss über viele Entwicklungen geben.

Voraussetzung ist natürlich, dass Sie diese besonderen Karten sowohl in ihren Grundbedeutungen, als auch in ihrer Funktion als Zukunftskarten gut beherrschen.

Noch ein Tipp zur Interpretation innerhalb einer ganzen Deutungslinie:

Deuten Sie die Kartenreihe wie gewohnt Karte für Karte der Reihe nach, **bis Sie auf eine Zukunftskarte stoßen.**

Halten Sie an dieser Stelle inne und beginnen Sie nun, die **Zukunft von dieser Karte aus gesehen** nach rechts bis hin zur letzten Karte der Reihe zu deuten.

Nr. 5 Baum
Mit Sicherheit kommt ...

Nr. 26 Buch
Es ist noch nicht spruchreif, aber es wird kommen. Der genaue Zeitpunkt ist allerdings noch ungewiss.

Nr. 35 Anker
Sagt aus, was ungefähr innerhalb eines Zeitraumes von zwei Jahren kommen wird.

Nr. 36 Kreuz
In Zukunft kommt ... (auch bei dieser Karte ist der genaue Zeitpunkt ungewiss.*)*

Wir üben die Deutungen der verschiedenen Zukunftskarten auch im Zusammenhang mit der **ferneren** und **erweiterten Zukunft**, am besten anhand von Beispielen.

Auch hier greifen wir wieder auf ein und dieselbe Kartenreihe zurück, so dass Sie die unterschiedlichen Aussagen mit oder ohne Zukunftskarten besser nachvollziehen können.

Wir beginnen zunächst **ohne** die Karte in ihrer Funktion als Zukunftskarte zu deuten.

Beschränken Sie sich also rein auf die Grundbedeutung.
Bitte beachten Sie den Unterschied in der Aussage, je nachdem, ob sich eine Zukunftskarte in der Reihe befindet, oder nicht!

Kurze Wiederholung von Seite 56

a)

Nr. 4 **Herz** **→**	**Nr. 6** **Wolken** **→**	**Nr. 12** **Vögel** **→**	**Nr. 28** **Mann** **→**	**Nr. 32** **Mond** **→**	**Nr. 21** **Berg** **→**	**Nr. 3** **Schiff** **→**	**Nr. 31** **Sonne** **→**

Deuten Sie die Kartenreihe in ihrer Grundaussage von der Herzkarte bis hin zur Sonne:

....

Vergleichen Sie das vorhergehende Beispiel **ohne Zukunftskarte,** jetzt mit dem folgenden Beispiel **mit Zukunftskarte:**

....

Lösung: Seite 130

b)

Nr. 24 Herz →	Nr. 6 Wolken →	Nr. 12 Vögel →	Nr. 28 Mann →	Nr. 26 Buch	Nr. 21 Berg →	Nr. 3 Schiff →	Nr. 31 Sonne →

Wir deuten bis zur **Zukunftskarte Buch: Stopp**

....

Von der Buchkarte aus gesehen deuten wir nun weiter in die **Zukunft:**

....

Nun interpretieren Sie die Kartenreihe im Zusammenhang:

....

Zweites Beispiel

c)

Nr. 24 Herz →	Nr. 6 Wolken →	Nr. 35 Anker	Nr. 28 Mann →	Nr. 32 Mond →	Nr. 21 Berg →	Nr. 3 Schiff →	Nr. 31 Sonne →

Diesmal deuten Sie die Karte **Anker** bitte gleich in ihrer Bedeutung als Zukunftskarte.

Vergessen Sie nicht, **innezuhalten**, sobald Sie die Karte erreicht haben und erst dann weiter in die Zukunft zu deuten!

Lösung: Seite 130 / 131

Deutung bis zur **Zukunftskarte Anker: Stopp**

....

Weiter in die **Zukunft:**

....

Nun Interpretieren Sie die Kartenreihe im Zusammenhang:

....

....

....

Lösung: Seite 131

Lernaufgaben des Lebens

Erinnern Sie sich?

Liegt keine Zukunftskarte innerhalb einer Deutungsreihe, so kann sich die Situation **so lange wiederholen**, bis man etwas daraus gelernt hat, und seine Handlungsweise bewusst ändert.

Dies sind Lernaufgaben, die es im Leben immer wieder zu meistern gilt!

d)

Nr. 24 Herz → ←	Nr. 6 Wolken → ←	Nr. 12 Vögel → ←	Nr. 28 Mann → ←	Nr. 32 Mond → ←	Nr. 21 Berg → ←	Nr. 3 Schiff → ←	Nr. 31 Sonne → ←

Ihre Deutung von der Herz- bis hin zur Sonnekarte:

....

Deuten Sie nun ausgehend von der Sonnenkarte zurück zur Herzkarte:

....

....

....

Lösung: Seite 131

Zeitkarten

Alle Zeitkarten auf einem Blick

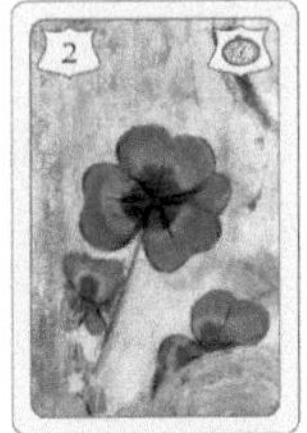

Nr. 2 Klee
bald,
2 Stunden,
2 Tage,
2 Wochen
2 Monate

Nr. 3 Schiff
Innerhalb
der nächsten
3 Monate

Nr. 5 Baum
Innerhalb
der nächsten
9 Monate

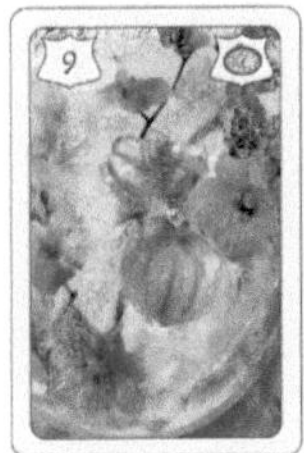

Nr. 9 Blumen
Frühling

Nr. 10 Sense
plötzlich,
unerwartet,
mit einem Mal,
Herbst

Nr. 15 Bär
Innerhalb der
kommenden
2 – 3 Jahre

Nr. 21 Berg
Winter

Nr. 22 Wege
Im Zeitraum von
7 Wochen,
bis 7 Monate

Nr. 32 Mond
Nachmittag,
Abend,
Nacht

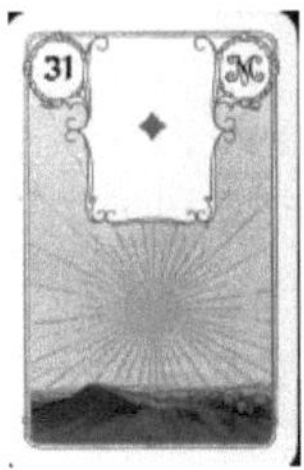

Nr. 31 Sonne
Tag,
Sommer

Nr. 35 Anker
von langer Dauer,
in ferner Zukunft,
im Zeitraum
von 2 Jahren

Beispiele und Übungen

Um die **Zeitkarten** zu verinnerlichen braucht es viel Übung und Erfahrung, da diese stark vom Gesamtbild des Tableaus abhängen. So kann es durchaus vorkommen, dass sich mehrere Zeitkarten innerhalb einer Deutungslinie befinden, die sich in ihrer Bedeutung zu widersprechen scheinen.
Wie bereits in meinen Lehrwerken erwähnt, gibt es bei der Deutung der Zeitkarten daher keine festen Regeln.

Persönliche Erfahrungen und Einfühlungsvermögen sind somit bei der Deutung dieser Karten von großer Wichtigkeit.

Tipps:

- Lesen Sie die **Zeitkarten** immer nur in waagrechten und senkrechten Deutungslinien.
  Niemals diagonal.

- Deuten Sie diese Karten in zweifelhaften Fällen einfach in ihrer Grundbedeutung.

Übungen:

a) Welche Karte bedeutet:

Von langer Dauer ....

Nachts oder am Nachmittag ....

Bis zu 2 Monate ....

Länger als 2 Jahre ....

Kürzer als 3 Monate ....

Lösung: Seite 132

Sehr niedrige Temperatur (Winter) ....

Bald, in Kürze ....

Bis 7 Monate ....

Bis in etwa 2 Jahren ....

Sehr hohe Temperatur (Sommer) ....

Unerwartet ....

Herbst ....

Innerhalb der nächsten 9 Monate ....

Frühling ....

Bis in etwa 3 Jahren ....

Lösung: Seite 132

Beispiele

a) mit der Karte Nr. 22 Wege

Basiswissen:

Wege	getrennte / neue Wege, Suche nach Lösungen, Entscheidungen treffen

Zeitkarte:

Wege	ein Zeitraum von etwa 7 Wochen

Mann + Wege + Turm + Klee

Allgemein:

....

....

....

Mit der Bedeutung als Zeitkarte:

....

....

....

Lösung: Seite 133

b) Nr. 5 Baum

Basiswissen:
Baum ....

Zeitkarte:
Baum ....

Baum + Frau + Storch + Kind

Interpretieren Sie diese Reihe zunächst allgemein, und danach mit der Zeitkartenfunktion!

Allgemein:

....

....

....

Mit Zeitkarte

....

....

....

Lösung: Seite 133

c) Nr. 3 Schiff

Basiswissen:
Schiff ……………………………………

Zeitkarte:
Schiff ……………………………………

Schiff + Storch + Schlüssel + Mond

Allgemein:

……………………………………………………………………

……………………………………………………………………

……………………………………………………………………

Mit Zeitkarte

……………………………………………………………………

……………………………………………………………………

……………………………………………………………………

Lösung: Seite 134

d) Nr. 2 Klee

Basiswissen:
Klee ....

Zeitkarte:
Klee ....

Klee + Brief + Mann + Herz

Allgemein:

....

....

....

Mit Zeitkarte

....

....

....

Lösung: Seite 134

e) Nr. 10 Sense

Basiswissen:
Sense ....

Zeitkarte:
Sense ....

Sense + Storch + Haus + Fische + Vögel

Allgemein:

....

....

....

Mit Zeitkarte

....

....

....

Lösung: Seite 135

Karten mit all ihren Bedeutungen

1) Karten mit all ihren Bedeutungen
Schreiben Sie alles auf, was diese Karte aussagt:

a) Was sagt die Karte aus:

Nr. ....

Allgemein ....

Besonderheiten ....

Zeitkarte..

Zukunftskarte ....

Was sagt die Karte zusätzlich noch aus? ☞ **Brittas Tipp:**

Eigenschaften einer Person ....

Krankheiten ....

Beruf ....

Chakra ....

Edelsteine / Farbe..................................

Tiere...

Astrologisch...

> Eigenschaften einer Person, Berufe, Tiere, Himmelsrichtung Jahreszeiten sowie weitere Übungen finden Sie im **Lehrbuch VI Professionelles Kartenlegen** erhältlich im www.brika-verlag.de

Lösung: Seite 136

b) Was sagt die Karte aus:

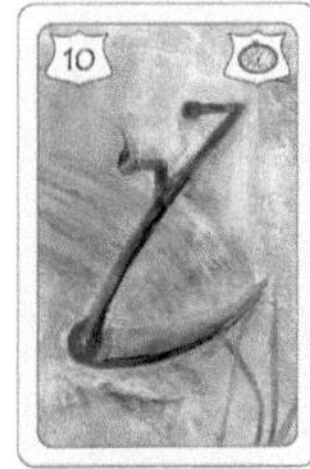

Nr. ……………..

Allgemein ………………………………………………………..

Besonderheiten ………………………………………………

Zeitkarte……………………………………………………….

Zukunftskarte …………………………………………………

Was sagt die Karte zusätzlich noch aus? ☞ 📖 **Tipp**: Begleitbuch zu Brittas Wahrsagekarten

Eigenschaften einer Person ………………………………..

Krankheiten ……………………………………………….…

Beruf …………………………………………………………...

Chakra ……..……………………………………………..……

Edelsteine / Farbe…………………………………..…………

Tiere…………………………………………………………..…

Astrologisch…………………………………………………...

Lösung: Seite 137

c) Was sagt die Karte aus:

Nr. ……………..

Allgemein ………………………………………………………..

Besonderheiten ……………………………………………….

Zeitkarte……………………………………………………….

Zukunftskarte ………………………………………………….

Was sagt die Karte zusätzlich noch aus? ☞ 📖 **Brittas Tipp:**

Eigenschaften einer Person ……………………….

Krankheiten ………………………………………….

Beruf …………………………………………………..

Chakra …………………………………………………

Edelsteine / Farbe…………………………………..

Tiere………………………………………………….

Astrologisch…………………………………………..

Lösung: Seite 138

d) Was sagt die Karte aus:

Nr. ....

Allgemein ....

Besonderheiten ....

Zeitkarte...

Zukunftskarte ....

Was sagt die Karte zusätzlich noch aus?

Eigenschaften einer Person ....

Krankheiten ....

Beruf ....

Chakra ....

Edelsteine / Farbe...

Tiere..

Astrologisch...

Lösung: Seite 139

e) Was sagt die Karte aus:

Nr. ....

Allgemein ....

Besonderheiten ....

Zeitkarte...

Zukunftskarte ....

Was sagt die Karte zusätzlich noch aus?

Eigenschaften einer Person ....

Krankheiten ....

Beruf ....

Chakra ....

Edelsteine / Farbe...

Tiere..

Astrologisch...

Lösung: Seite 140

f) Was sagt die Karte aus:

Nr. ....

Allgemein ....

Besonderheiten ....

Zeitkarte...

Zukunftskarte ....

Was sagt die Karte zusätzlich noch aus ?

Eigenschaften einer Person ....

Krankheiten ....

Beruf ....

Chakra ....

Edelsteine / Farbe...

Tiere...

Astrologisch..

Lösung: Seite 141

g) Was sagt die Karte aus:

Nr. ....

Allgemein ....

Besonderheiten ....

Zeitkarte...

Zukunftskarte ....

Was sagt die Karte zusätzlich noch aus? ☞ 📖 **Brittas Tipp**:

Affirmation/
Gedanken von jeder
Karte im
Büchlein
Brittas
Wahrsagekarten

erhältlich im
www.brika-verlag.de

Eigenschaften einer Person ....

Krankheiten ....

Beruf ....

Chakra ....

Edelsteine / Farbe...

Tiere...

Astrologisch...

Lösung: Seite 142

h) Was sagt die Karte aus:

Nr. ....

Allgemein ....

Besonderheiten ....

Zeitkarte..

Zukunftskarte ....

Was sagt die Karte zusätzlich noch aus?

Eigenschaften einer Person ....

Krankheiten ....

Beruf ....

Chakra ....

Edelsteine / Farbe..

Tiere...

Astrologisch...

Lösung: Seite 143

i) Was sagt die Karte aus:

Nr. ....

Allgemein ....

Besonderheiten ....

Zeitkarte...

Zukunftskarte ....

Was sagt die Karte zusätzlich noch aus

Eigenschaften einer Person ....

Krankheiten ....

Beruf ....

Chakra ....

Edelsteine / Farbe..

Tiere..

Astrologisch..

Lösung: Seite 144

j) Was sagt die Karte aus:

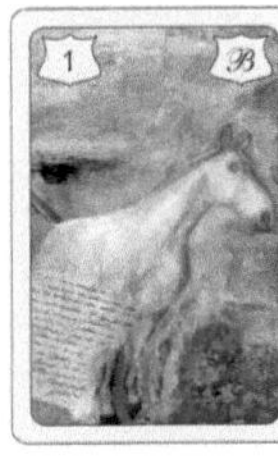

Nr. ....

Allgemein ....

Besonderheiten ....

Zeitkarte..

Zukunftskarte ....

Was sagt die Karte zusätzlich noch aus?

Eigenschaften einer Person ....

Krankheiten ....

☞ 📖 **Brittas Tipp**:

Brittas Wahrsagebüchlein erhältlich im Brika-Verlag

Beruf ....

Chakra ....

Edelsteine / Farbe...............................

Tiere..

Astrologisch..

Lösung: Seite 145

k) Was sagt die Karte aus:

Nr. ....

Allgemein ....

Besonderheiten ....

Zeitkarte...

Zukunftskarte ....

Was sagt die Karte zusätzlich noch aus?

Eigenschaften einer Person ....

Krankheiten ....

Beruf ....

Chakra ....

Edelsteine / Farbe...

Tiere..

Astrologisch..

Lösung: Seite 146

Übungen für Fortgeschrittene:

Vertiefung des Kartenlegens;
Wir legen ein ganzes Kartenbild aus
und stellen direkte Fragen
nach möglichen Themen

Vorgeschichte zum Kartenbild auf Seite 102:

Das auf der nachfolgenden Seite ausgelegte Kartenbild bezieht sich auf einen jungen Mann.

Dieser Mann hatte die Schule nach der mittleren Reife verlassen, um eine Ausbildung in einem Speditionsunternehmen zu machen.

Da sich der Arbeitsalltag erheblich unterscheidet von dem Unterschied, was er sich ursprünglich erhofft hatte, brach er die Lehre dort ab und lebte ein Jahr lang wieder bei seinen Eltern, ohne eine bestimmte Vorstellung von seiner Zukunft zu haben.

Schließlich entschied er sich, zurück an die Schule zu gehen und das Abitur nachzuholen.
In den letzten Sommerferien jobbte er dann als Kurier im Betrieb eines Freundes.

Dieser Freund (Nr. 15 Bär) machte ihm nun ein verlockendes Angebot:
Er könne diesen Job als Festanstellung bekommen und in Zukunft ganz in diesem Unternehmen arbeiten.

Da der Freund augenblicklich gesundheitlich angeschlagen und daher nicht voll einsatzfähig ist, kann er seinen Betrieb derzeit nicht ohne Unterstützung von Außen führen.

So käme ihm die Hilfe unseres jungen Kunden natürlich sehr gelegen.

Nun ist der Kunde verständlicherweise verunsichert.
Einerseits hatte er sich entschieden, das Abitur zu machen, um später einmal studieren zu können, andererseits hätte er bei diesem Freund sofort eine Arbeit, die ihm Geld einbringt und Freude bereitet.

Zudem hätte er natürlich ein schlechtes Gewissen, wenn er diesen Freund nun quasi im Stich ließe.

Seinen großen Traum, vielleicht eines Tages einmal einige Auslandssemester in den USA zu studieren, könnte er damit allerdings wohl niemals verwirklichen.

Werfen Sie nun also einen Blick in das ausgelegte Kartenbild, um zu sehen, wozu Sie ihm am ehesten raten können.

Kartenbild:

Fragen zur Deutung eines Kartenbildes

Nr. 22 Wege	**Nr. 12 Vögel**	**Nr. 6 Wolken**	**Nr. 28 Mann**	**Nr. 19 Turm**	**Nr. 26 Buch**	**Nr. 36 Kreuz**	**Nr. 31 Sonne**
Nr. 14 Fuchs	**Nr. 29 Frau**	**Nr. 21 Berg**	**Nr. 2 Klee**	**Nr. 33 Schlüs-sel**	**Nr. 5 Baum**	**Nr. 10 Sense**	**Nr. 13 Kind**
Nr. 9 Blumen	**Nr. 4 Haus**	**Nr. 20 Park**	**Nr. 25 Ring**	**Nr. 17 Storch**	**Nr. 32 Mond**	**Nr. 30 Lilie**	**Nr. 14 Hund**
Nr. 23 Ratte	**Nr. 34 Fische**	**Nr. 2 Reiter**	**Nr. 27 Brief**	**Nr. 15 Bär**	**Nr. 24 Herz**	**Nr. 16 Sterne**	**Nr. 7 Schlan-ge**
		Nr. 3 Schiff	**Nr. 35 Anker**	**Nr. 8 Sarg**	**Nr. 11 Rute**		

Nun sind Sie an der Reihe!

Um die Situation für mich als Berater klar zu gestalten, lasse ich den Kunden zuerst eine Stimmungskarte ziehen.

(Die Stimmungskarten sind eine ideale Ergänzung, damit ein Berater den Gemütszustand seines Klienten deutlich erkennen kann.)

Bitte gehen Sie bei dieser Deutung systematisch vor.
Lesen Sie sich die vorab gegebenen Informationen gut durch und suchen Sie die entsprechenden Themen im Kartenbild heraus.
Vergessen Sie auch nicht, die Zeit- und Zukunftskarten, sowie die Kombinationen mit einzubeziehen.

Bedeutung der Stimmungskarte:

Gelb*: von Dunkel nach Hell*:
Hang zu Versplitterungen,
Unsicherheit,
Spannungen, Nervosität

1) ***Ziehen*** einer Stimmungskarte

Wie kann ich die Information aus der ***Stimmungskarte*** mit der Information seitens des Kunden verbinden?

....

2) Bitte werfen Sie nun einen tieferen Blick in Ihr Tableau und beantworten Sie die folgenden Fragen:

Wichtig: Bitte vergessen Sie nicht, zusätzlich nach Kombinationen zu schauen!

Lösung: ab Seite 147 bis 152

3) Welches Problem steht augenblicklich an?

....

4) Denkt dieser Mann oft an die Vergangenheit
oder ist er eher zukunftsorientiert?

....

5) Ist dieser junge Mann mit seiner augenblicklichen Wohnsituation zufrieden?

....

6) Welche Karten sprechen für die Arbeit im Betrieb des Freundes und welche Aussagen können Sie den Karten entnehmen?

....

7) Was spricht gegen diese Arbeitsstelle?

....

8) Welche Karten sprechen für die Schule?

....

9) Wozu würden Sie diesem Mann im Bezug auf diese Entscheidung raten?

....

Lösung: ab Seite 147 bis 152

10) Fassen Sie nun die bisherigen Antworten in einer abschließenden Deutung zusammen!

....

....

....

....

....

11) Wäre es ratsam, abschließend eine weitere Karte aus einem der Zusatzkartensets zu ziehen?

....

....

Lösung: ab Seite 147 bis 152

Schnelllegung

Schnelllegung

Bei dieser Methode wird jeweils nur ein ganz bestimmtes Thema untersucht.
Bitte stellen Sie Ihre Fragen hierzu so klar und präzise.

Fallbeispiel

Eines Tages erhielt ich Besuch von einer Dame, die bereits beim Betreten meiner Räume einen sehr bedrückten Eindruck machte und erklärte, sich in ihrer Ehe bereits seit längerer Zeit unverstanden zu fühlen.

Auch hier bat ich sie noch vor der eigentlichen Legung zunächst, eine Stimmungskarte zu ziehen.
Sie zog die rosafarbene Karte in ihrem Farbverlauf von Dunkel nach Hell.

Stimmungskarte: Rosa

Die Dame war also im Grunde auf Harmonie bedacht, hatte sich jedoch im Laufe ihres Lebens eine Art Schutz-Panzer aus Ehrgeiz, Strebsamkeit und Härte zugelegt. Sicherlich war es nicht einfach, ihren hochgesteckten Anforderungen zu genügen.

Lösung: ab Seite 153 bis 156

Nachdem ich ihr die Bedeutung der Stimmungskarte erklärt hatte, begann sie etwas von sich und ihrer Lage zu erzählen.
In der letzten Zeit litt sie vermehrt unter Schwierigkeiten, die sowohl ihr Eheleben, als auch ihre berufliche Tätigkeit betrafen.
Sie erzählte mir einiges über ihre Familie, wobei mich allerdings das Gefühl beschlich, dass ein wichtiger Schlüsselfaktor in ihrer Erzählung fehlte.

Erst auf mein Nachhaken hin, erklärte sie zaghaft, auch einen Bruder zu haben, zu dem sie jedoch seit Jahren keinen Kontakt mehr pflegte.
Die Schwierigkeiten in ihrer Ehe, aufgrund derer sie mich ursprünglich aufgesucht hatte, bildeten also nur die Spitze des Eisberges.

Tatsächlich rührte der augenblickliche Kummer der Dame von einer Sache her, mit der sie sich vordergründig längst abgefunden hatte, und die ihr auf den ersten Blick keinerlei Probleme mehr zu bereiten schien.

Vor nunmehr weit über zehn Jahren, hatte diese Kundin gemeinsam mit ihrem Bruder ein Haus am Rande einer Siedlungsanlage geerbt, das eines Tages dem Bau einer Umgehungsstraße zum Opfer fallen sollte.

Die Stadtverwaltung, die für den Straßenbau verantwortlich war, hatte den Geschwistern ein Kaufangebot gemacht, das deutlich unter dem eigentlichen Wert des Anwesens lag.

Lösung: ab Seite 153 bis 156

Aus Angst, bei einer Ablehnung enteignet zu werden, und letzten Endes noch weniger Geld ausbezahlt zu bekommen, hatte der Bruder dem Verkauf gegen ihren ausdrücklichen Willen zugestimmt und mit Hilfe einer Vollmacht, die sich die Geschwister gegenseitig für Notfälle ausgestellt hatten, geregelt.

Nachdem man sich noch einige Wochen lang über mögliche finanzielle Gewinne oder Verluste gestritten hatte, war der Kontakt zwischen den beiden abgebrochen und niemals wieder aufgenommen worden.

Wir entschlossen uns, das Problem mit Hilfe einer Schnelllegung näher zu erörtern.

Schon die Fragestellung der Kundin zeigte, wie sehr sie sich nach einer Versöhnung mit ihrem Bruder sehnte.

Bei dieser Schnelllegung brauchen Sie 2 Kartendecks. Nehmen Sie bitte aus einem der Kartendecks die entsprechende Personenkarte heraus. Da es sich bei dem Bruder um einen Mann mittleren Alters handelt, entspricht diese Person der Karte Bär.

Da Sie diese Technik in dem *großen Selbstlernkurs* oder im Band *Weitere Legesysteme zum Kartenlegen* bereits erlernt haben, wird es Ihnen leicht fallen, dieses Thema näher zu erörtern.

Zur Erinnerung:
Wir lesen Reihe für Reihe, d.h. von links nach rechts.

Lösung: ab Seite 153 bis 156

Ist das Verhältnis zwischen mir und meinem Bruder noch zu kitten?

Übung 1

Fragekarte
(1.Kartendeck)

(Wir ziehen Karten vom 2. Kartendeck)

   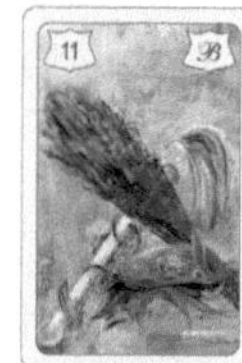 

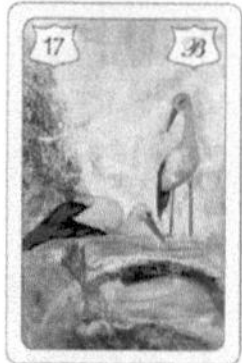  

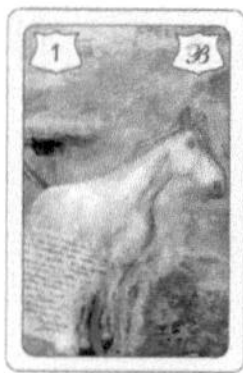 

Lösung

Lösung: ab Seite 153 bis 156

Bitte interpretieren Sie:

....

....

....

Würden Sie eine Ergänzungskarte ziehen?

....

....

....

....

....

Lösung: ab Seite 153 bis 156

Lösungen

Seite 11 - 13

Das Ziehen und Interpretieren einer einzelnen Karte

a) Kraft, Handeln, Handwerk, Aktivitäten
b) Anregung oder Aufregung, Sexualität
c) Kleine Reise, Nachbarstadt, innerhalb des Landes
d) Schule, Ausbildung, Arbeit
e) Geld, Finanzen
f) Intuition, Sehnsucht
g) Veränderung
h) Nachricht, Anruf, SMS, schneller Kontakt, Brief

Seite 14

2) Welche Karte bezieht sich auf das genannte Thema?

a) Haus
b) Brief
c) Sonne
d) Vögel
e) Mond
f) Sterne
g) Storch
h) Brief

Seite 16 - 17

Zwei Karten miteinander verbinden

Bitte verbinden Sie die unten stehenden Kartenpaare und interpretieren Sie die Aussage im Zusammenhang!

a) Erfolg bei der Arbeit
b) Diese Frau hat Sehnsucht
c) Im häuslichen Bereich kommt es zu Streit
d) Raffinierte oder clevere Gespräche
e) Finanzielle Sorgen, Geldverlust
f) Ein reicher Herr
g) Plötzliche, unerwartete Liebe
h) Glück im Umgang mit Geld
i) Liebeskummer
j) Hochzeit oder Zusammenleben
k) Unklare Gespräche
l) Streit löst sich wieder auf

Seite 20

1) Drei oder mehr Karten miteinander verbinden

a) Arbeit + Streit + glücklicher Ausgang
→ Bei der Arbeit kommt es zu Streit, der jedoch glücklich endet.
b) Arbeit + Streit + Mühen oder kleiner Kummer
→ Bei der Arbeit kommt es zu Streit, der Kummer und Mühen mit sich bringt.
c) Arbeit + Streit + neue / getrennte Wege
→ Bei der Arbeit kommt es zu Streit. Daraufhin muss man nach einer Lösung suchen und Entscheidungen treffen.

Seite 21 - 22

2) Mehrere Karten verbinden

a) Erfolg + Arbeit + Partnerschaft oder Vertrag
→ Eine erfolgreiche geschäftliche Verbindung
b) Frau + Sehnsucht + Liebe
→ Diese Frau sehnt sich nach Liebe.
c) Häusl. Bereich + Streit + Mann / Partner + glücklicher Ausgang
→ Im häuslichen Bereich kommt es zu Streit mit dem Partner. Glücklicherweise wird alles wieder gut ausgehen.
d) Raffinesse / Geschick (in Verbindung mit einer negativen Karte auch: Hinterlist) + Gespräche/ Verhandlungen + Verluste
→ Vorsicht! Man versucht, Sie durch geschickte und manipulative Verhandlungen zu übervorteilen!
e) Finanzen + Verluste + Es löst sich wieder auf
→ Finanzielle Verluste lösen sich wieder auf.
f) Mann + Geheimnis + Finanzen
→ Dieser Mann hält sein Geld geheim.
g) Plötzlich + Veränderung + Liebe + Verluste
→ Unerwartete / Plötzliche Veränderungen in der Liebe/ Beziehung führen zu Verlusten.
h) Frau + Glück + Finanzen

→ Diese Frau hat Glück im Umgang mit Geld (kann gut mit Geld umgehen)

i) Unklarheiten + Geheimnis + Liebe + Verluste

→ Unklarheiten und Geheimniskrämereien führen zum Verlust der Liebe.

j) Mann + Gespräche + Nachricht + Verbindung + Glück (Achtung! Bei der Kartenkonstellation Ring + Blumen handelt es sich um eine fest stehende Kombination!)

→ Dieser Mann macht einen Heiratsantrag.

k) Unklarheiten + Gespräche + häuslicher Bereich + Streit

→ Unklare Gespräche im häuslichen Bereich führen zu Streit.

l) Arbeit / Schule + Gespräche + Streit + es löst sich wieder auf

→ Bei der Arbeit oder in der Ausbildung kommt es zu Streitgesprächen, die sich jedoch wieder auflösen.

Seite 22 - 24

3) Mehrere Karten verbinden

a) Frau + Bemühungen + Geld + Glück + Streit

→ Diese Frau bemüht sich um eine finanzielle Verbesserung (Klee → Glück/ glückliche Lage) Dadurch kommt es später allerdings zu Streit.

b) Frau + Glück + Geld + Kummer und Mühen + Streit

→ Diese Frau hat zunächst Glück im Umgang mit Geld. Später jedoch kommt es zu finanziellen Schwierigkeiten, die wiederum mit Streit und Ärger verbunden sind.

c) Frau + Streit + Kummer und Mühen (2. Bedeutung: *Bemühungen* nicht vergessen!) + Glück + Geld

→ Diese Frau hat mit Ärger und Schwierigkeiten zu kämpfen. Sie bemüht sich jedoch um eine Verbesserung ihrer Lage, die ihr glücklicherweise wieder Geld einbringen wird.

d) Frau + Geld + Streit + Kummer und Schwierigkeiten + glücklicher Ausgang

→ Die finanzielle Lage dieser Frau ist angespannt und mit Ärger verbunden. Durch ihre Bemühungen geht die Sache allerdings gut für sie aus.

Seite 28 - 29

Übungen zu den Negativ-Karten

1) Übungen mit der Karte Vögel

a) Dieser Mann hat Kummer
b) Dieser Mann hat Kummer mit seiner Partnerin
(Oder: Dieser Mann bemüht sich um seine Partnerin)
c) Dieser Mann hat Kummer mit Geld
(Oder: Dieser Mann bemüht sich um Geld)
d) Diese Frau hat Kummer bei der Arbeit, der sich jedoch wieder auflöst.
e) Diese Frau hat Kummer mit einer Freundin, der sich jedoch (Dank ihrer Bemühungen) wieder zum Guten wendet.
f) Dieser Mann hat Kummer in der Liebe.
(Oder: Dieser Mann bemüht sich um Liebe)
g) Dieses Kind hat Kummer in der Schule.
(Oder:
Dieses Kind muss sich in der Schule mehr bemühen)
h) Erfolgreiche Verbindungen werden zunächst von Kummer überschattet. Daraufhin wird man sich trennen.
(Oder:
Erfolgreiche Verbindungen sind mit Mühen verbunden. Man muss sich auf jeden Fall bemühen, eine für alle Beteiligten sinnvolle Lösung zu finden.)

Seite 30 - 31

2) Übungen zur Karte Rute

a) Ein älterer Herr hat Ärger mit den Finanzen.
b) Ein Junge hat Streit mit einem Schulkameraden.
c) Ein Junge hat Streit mit einem Schulkameraden. Glücklicherweise lässt sich die Sache durch Gespräche wieder lösen.
d) Diese Frau hat aufgrund des Geldes Streit mit ihrem Partner.
e) Dieser ältere Herr ist hinterlistig und fängt unerwartet Streit an. *Oder: Dieser Mann ist dominant, hinterlistig und streitsüchtig.*
f) Diese Frau streitet oder ist eifersüchtig (Beachten Sie die Kombination!)

Seite 33

3) Übungen mit den Karten Sarg und Ratte

a) Diese Frau fühlt sich krank.
b) Dieses Kind kränkelt.
c) Dieses Kind hat Ängste und Probleme in der Schule. Dies führt zu Unwohlsein.

Seite 34

2) Welche Karten müssen liegen, um die genannte Aussage zu erhalten?

a) Frau + Ratte + Mann
b) Mann + Sterne + Ratte
c) Sarg + Ring
d) Sarg + Ring (Siehe Krankheitskombinationen!)
e) Hund+ Ratte +Wege
f) Sarg + Ratte

Seite 36

Der Momentan-Zustand

Nun verbinden Sie diese Konstellationen und interpretieren Sie diese in Ihren eigenen Worten:

a)

1. Dieser Mann denkt an seine Partnerin.
2. Seit Kurzem hat er einige kleinere Probleme.
3. Er möchte oder sollte etwas verändern.
4. Glücklicherweise wird sich durch diese Veränderung alles zum Guten wenden.

Zusammenfassung der Aussagen:
Im Leben dieses Mannes steht eine Veränderung an. Kummer und Mühen der letzten Zeit haben ihn von der Notwendigkeit dieses Schrittes überzeugt.

Dabei macht er sich Gedanken um seine Partnerin, fragt sich vielleicht auch, wie sie diesen Schritt aufnehmen wird. Glücklicherweise werden sich seine Mühen jedoch lohnen. Die angestrebte Veränderung wird zu einer Verbesserung der Lage führen.

Ratschlag:
Nach Abwägung aller Fakten sollte sich dieser Mann tatsächlich für die angestrebte Veränderung entscheiden.
Hier kann ihm also guten Gewissens zugeraten werden!

Seite 38

b) weiteres Beispiel*:*

Zusammenfassung:
Dieser Mann überlegt, wie er sich am Geschicktesten verhalten sollte.
Eine Verbindung (Möglicherweise handelt es sich bei dieser Verbindung auch um seine Ehe) entspricht schon seit einiger Zeit nicht mehr seinen Vorstellungen. Er fühlt sich hintergangen und ausgenutzt. Über Kurz oder Lang wird es daher auch zu Streit und Unfrieden kommen.
Daher wird er am Ende nicht umher können, sich aus dieser Verbindung zu lösen.

Ratschlag:
Treffen Sie keine übereilten Entscheidungen aus dem Bauch heraus.
Überlegen Sie gut, was Ihnen wichtig ist und gehen Sie auch bei einer Trennung mit Bedacht und Umsicht vor, um unliebsame Überraschungen zu vermeiden.

Seite 40

c) weiteres Beispiel

Zusammenfassung:
Verbinden Sie diese Konstellationen und interpretieren Sie diese in Ihren eigenen Worten:
Auch diese Frau macht sich derzeit umfassende Gedanken (Fuchs!) über einen Neuanfang.
Die neuen Wege, die ihr vorschweben, sind allerdings eher beruflicher Natur. Diese berufliche Neuorientierung wird ihr dann auch wieder mehr Geld einbringen.

Ratschlag:
Machen Sie sich keine unnötigen Sorgen über Ihre berufliche Zukunft. Planen Sie diese gut und schlagen Sie dann ruhig ganz neue Wege ein.
Dadurch werden Sie auch finanziell wieder auf die Beine kommen.

Seite 42

2) Kartenbild! Wie steht es mit der Liebe?
Der Momentan-Zustand und die nahe Zukunft

Zusammenfassung:
Man macht sich Gedanken über die Ehe oder Partnerschaft.
In der Vergangenheit sehnte man sich nach Liebe und Verständnis.
Das Liebesglück ist jedoch zum Greifen nahe.
Möglicherweise wird dieses Glück sogar zu einer Eheschließung führen.

Seite 45

Besonderheiten von sieben Karten

1) Schlüssel

a) Herz + Lilie + Schlüssel
→ Ausführung von Liebe und Sex.
b) Herz + Schlüssel
→ Intensive Liebe

Seite 46

2) Die Karte Vögel hat 2 Bedeutungen

a) Mann + Vögel + Turm
→ Dieser Mann hat Kummer bei der Arbeit/ am Arbeitsplatz
Oder
→ Dieser Mann bemüht sich bei seiner Arbeit
b) Mann + Rute + Vögel + Kind + Turm
→ Dieser Mann hat Ärger und Kummer mit einer Arbeitskollegin.
Oder
Dieser Mann hat Ärger und bemüht sich um die Kollegin.

Seite 47

3) Wolken

a) Frau + Bär + Vögel + Wolken
→ Diese 2 Personen haben Probleme, die sich jedoch wieder auflösen.
b) Sarg + Ratte + Wolken
→ Magen-Darmproblemen, die sich wieder auflösen.
c) Frau + Vögel + Finanzen + Wolken
→ Diese Frau hat Kummer und Problemen mit den Finanzen. Diese Probleme werden sich jedoch wieder auflösen.

Seite 48

4) Buch

a) Buch + Vögel
→ Auch wenn es momentan noch nicht danach aussieht, können Kummer und Probleme aufkommen.
b) Frau + Buch + Herz + Schlüssel + Bär
→ Diese Frau hat eine geheime Affäre mit einem älteren Mann.
c) Frau + Vögel + Buch + Herz + Schlüssel + Bär
→ Diese Frau hat Kummer, der sie in eine geheime Affäre mit einem älteren Mann getrieben hat.
c) Frau + Vögel + Buch + Herz + Schlüssel + Bär + Ring + Schlange
→ Diese Frau hat Kummer, der sie in eine geheime Affäre mit einem verheirateten älteren Mann getrieben hat.

Seite 49

5) Ratte

a) Liebe + Ratte
→ Verlust in der Liebe
Oder als Krankheitskarte
→ Herz, Kreislauf, Blutdruck
b) Ratte + Liebe
→ Angst vor der Liebe
c) Mann + Ratte + Turm
→ Dieser Mann har Angst vor der Arbeit/Ausbildung
d) Frau + Fische + Ratte
→ Diese Frau hat finanzielle Verluste zu verkraften
e) Frau + Ratte + Fische
→ Diese Frau hat Angst um ihr Geld.

Seite 51

6) Die Karte Sense

a) Dieser Mann ist dominant
 Mann + Sense
b) Plötzliche Liebe
→ Sense + Herz
c) Die Liebe wird beendet
→ Herz + Sense
d) Plötzliche Liebe, die sich allerdings wieder auflöst
→ Sense + Herz + Wolken
e) Diese Arbeit wird beendet (eventuell auch gekündigt).
→ Turm + Sense
i) Dieser Mann ist dominant, egoistisch und streitsüchtig
→ Mann + Sense + Rute

Seite 52

7) Die Karte Wege

a) Mann + Wege + Storch + Haus
→ Dieser Mann sucht nach einer Lösung, ob er renovieren oder umziehen soll.
b) Mann + Wege + Frau
→ Dieser Mann wird sich von seiner Partnerin trennen.
c) Wege + Turm + Sonne
→ Neue Wege bei der Arbeit bringen Erfolg

Seite 54 - 55

Wir schauen in die Vergangenheit

a) Turm + Mann + Rute + **Frau**

→ Diese Frau hatte **in der Vergangenheit** Streit mit ihrem Mann aufgrund der Arbeit.

b) Turm + Reiter + Rute + **Frau**

→ Diese Frau hat **in der Vergangenheit** ein Streitgespräch in der Arbeit geführt.

c) Storch + Haus + Klee + Vögel + **Mann**

→ Der Mann in diesem Beispiel hatte **in der Vergangenheit** Probleme, die mit einem Umzug in Verbindung standen.

d) Ratte + Sterne + Frau

→ Diese Frau litt **in der Vergangenheit** unter Depressionen.

e) Vögel + Ring + Mann + Rute + **Frau**

→ Diese Frau hatte **in der Vergangenheit** Streit mit ihrem Mann.

Im Grunde hätten sich beide bereits seit längerem um ihre Ehe bemühen sollen.

Seite 57

Waagrechte Kartenreihe von der ersten bis zur achten Karte

1) Wir lesen sowohl von der *ersten bis zur letzten Karte*, als auch in die *Vergangenheit* und in die *Zukunft*!

a) In der Partnerschaft dieses Mannes häufen sich derzeit die Schwierigkeiten.
Er ist sich seiner Gefühle nicht länger im Klaren und sucht nach einem Ausweg, der möglicherweise auch eine Trennung beinhalten kann.
Diese Entscheidung wird letztendlich wieder alles zum Guten wenden.

b) In der Partnerschaft dieses Mannes häuften sich **in der Vergangenheit** die Schwierigkeiten.

Er ist sich seiner Gefühle nicht länger im Klaren und sucht für die **Zukunft** nach einem Ausweg, der möglicherweise auch eine Trennung beinhalten könnte. Diese Entscheidung wird **in der Zukunft** letztendlich wieder alles zum Guten wenden.

c) Dieser Mann **hatte** in der Vergangenheit Probleme und Streit in der Liebe. Da es sich hier um eine Kombination handelt, könnten wir auch sagen:
Dieser Mann **hatte** in der Vergangenheit Probleme mit Eifersucht. Eine Veränderung wäre hier unbedingt nötig. Wie genau diese Veränderung aussehen soll, ist jedoch noch nicht klar ersichtlich.

Trotz alledem sollte er bereits jetzt versuchen, diesen Veränderungsprozess in Gang zu setzen.
So kann sich zukünftig alles zum Guten wenden

Seite 62

Kombinationen

1)

a) 1. Plötzliche Liebe
   2. Eine Liebe wird beendet

b) Angst vor der Liebe
   Oder: Nach einem Verlust wieder Liebe

c) Brief + Ring + Turm
   →Arbeitsvertrag

d) Storch + Lilie + Kind + Schlüssel
   → Schwangerschaft

e) Fische + Sarg + Fuchs
   →Vorsicht bei Geldgeschäften

f) Fische + Fuchs + Ratte
   →Vorsicht vor Betrug

g) Sense + Reiter + Rute + Ratte
   →Plötzliche Streitgespräche, die in Gewalt ausarten können

h) Brief + Ring + Schlüssel
   →Ehevertrag

i) Ring + Rute + Schlüssel
   →Streitereien, die mit Schlägen einher gehen können

j) Rute + Turm + Garten + Brief
   →Strafzettel oder Brief vom Amt

k) Dominanter, aggressiver Mann
   →Mann + Sense + Rute

l) Autofahren
   →Storch + Schlüssel

m) Flugreise ins Ausland
   →Schiff + Anker + Storch

n) Kopfschmerzen
   →Vögel + Sarg

o) Sehr starke Kopfschmerzen, Migräne
   →Vögel + Ratte + Sarg

p) Großer Gewinn
   →Blumen + Fische

Seite 66

2) Bitte ordnen Sie die Aussagen den entsprechenden Kartenkombinationen zu!
Achtung: Es bleiben Aussagen übrig!

1. Klee + Sarg
→ i) Nerven

2. Blumen + Sarg
→ b) Allergien

3. Wege + Sarg
→ j) Stress

4. Herz + Sarg
→ h) Blutdruck

5. Storch + Sarg
→ c) Füße, Beine

6. Mond + Sarg
→ f) Schlafstörungen

7. Ring + Sarg
→ g) Blase, Nieren

a) Halsschmerzen

b) Allergie

c) Füße, Beine

d) Kopfschmerzen

e) Magen-Darm

g) Blase, Nieren

f) Schlafstörungen

h) Blutdruck

i) Nerven

j) Stress

Seite 67

3) Wie würde sich ein Umzug auswirken?

→ Lösung: Dieser Umzug wird mit Schwierigkeiten und Hindernissen verbunden sein.

Seite 68

4) Wie würde sich ein Umzug auswirken?

→ Lösung: Dieser Umzug könnte die Lösung für bestehende Probleme darstellen.
Er ist in jedem Fall mit Glück verbunden .

Was für einen Rat würden Sie dieser Person geben?

→ Diesem Umzug würde ich in jedem Fall zuraten. Er würde zu einer Verbesserung der augenblicklichen Lage beitragen.

Seite 72

Zukunftskarten

Einführende Übungen zu den Zukunftskarten

a)

Unklarheiten in Liebesangelegenheiten führen bei diesem Mann zu Kummer und Mühen.
Diesen emotionalen Belastungen kann er durch Unternehmungen, wie kleinere Reisen, Ausflüge oder Spaziergänge abbauen.
So kann es ihm bald wieder besser gehen.

b)

Wir deuten bis zur **Zukunftskarte Buch: Stopp**
Unklarheiten in Liebesangelegenheiten führen bei diesem Mann zu Kummer und Mühen.
Von der Buchkarte aus gesehen deuten wir nun weiter in die **Zukunft:**
Auch wenn er sich dessen augenblicklich noch nicht bewusst ist, wird er dadurch in der Zukunft mit Belastungen zu kämpfen haben, denen er durch kleinere Reisen, Ausflüge, Spaziergänge oder ähnliche Unternehmungen beseitigen könnte.
Schafft er es, sich aus seinen vier Wänden heraus ins Leben zu bewegen, kann es ihm danach bald wieder besser gehen.

Nun Interpretieren Sie die Kartenreihe im Zusammenhang:

Augenblicklich hat dieser Mann mit Unklarheiten in einer Liebesbeziehung zu kämpfen, die ihm viel Kummer bereiten.
Augenblicklich kommt er zwar noch ganz gut damit zurecht, in der **Zukunf**t wird dies jedoch zu größeren Belastungen führen.
Um diese Belastungen zu überwinden, sollte er versuchen, sein Schneckenhaus zu verlassen und sich wieder nach draußen zu begeben.
Ausflüge; Reisen oder andere Unternehmungen können ihm dabei gute Dienste leisten und alles zu einem guten Abschluss bringen.

Seite 73

c) Deutung bis zur Zukunftskarte Anker: Stopp
Auch hier gibt es Unklarheiten in Liebesangelegenheiten.
Weiter in die **Zukunft:**
Innerhalb der kommenden **zwei Jahre** wird dieser Mann gefühlsmäßig mit großen Belastungen zu kämpfen haben.
Diese kann er vermeiden oder lösen, indem er sein Schneckenhaus verlässt und wieder beginnt, etwas zu unternehmen.
Dann wird am Ende auch alles gut ausgehen.

Nun Interpretieren Sie die Kartenreihe im Zusammenhang:
Unklarheiten in der Liebe werden bei diesem Mann innerhalb der nächsten **zwei Jahre** zu emotionalen Belastungen und Blockaden führen, von denen er sich befreien kann, indem er sich nicht verkriecht, sondern viele Dinge, wie Reisen, Fahrten, Tagesausflüge oder Stadtbummel/Spaziergänge unternimmt.
So wird am Ende alles wieder gut werden.

Seite 75

d) Lernaufgaben des Lebens

Ihre Deutung von der Herz- bis hin zur Sonnekarte:
Unklarheiten in Liebesangelegenheiten führen bei diesem Mann (**immer wieder**) zu emotionalen Belastungen und blockieren seine Gefühle. Reisen oder ähnliche Unternehmungen können hier Abhilfe schaffen.
Deuten Sie nun ausgehend von der **Sonnenkarte zurück** zur **Herzkarte:**
Nach einer glücklichen Zeit, die von vielen Unternehmungen geprägt ist, wird dieser Mann (**wieder**) mit blockierten Gefühlen und Kummer zu kämpfen haben, die (**erneut**) mit Unklarheiten in der Liebe zusammenhängen.

Seite 80 - 81

Zeitkarten

a) Welche Karte bedeutet:

Von langer Dauer
→Anker
Nachts oder am Nachmittag
→ Mond
Bis zu 2 Monate
→ Klee
Länger als 2 Jahre
→ Bär
Kürzer als 3 Monate
→ Schiff
Sehr niedrige Temperatur
→ Berg (Winter!)
Bald, in Kürze
→ Klee
Bis 7 Monate
→ Wege
Bis in etwa 2 Jahren
→ Anker
Sehr hohe Temperatur
→ Sonne (Sommer!)
Unerwartet
→ Sense
Herbst
→ Sense
Innerhalb der nächsten 9 Monate
→ Baum
Frühling
→ Blumen
Bis in etwa 3 Jahren
→ Bär

Seite 82

Beispiel mit der Karte Nr. 22 Wege
a) Mann + Wege + Turm + Klee

Allgemein:
Ein Mann geht neue Wege bei der Arbeit, die ihm Glück bringen werden.

Mit der Bedeutung als **Zeitkarte**:

Innerhalb der nächsten sieben Wochen bzw. bis zu sieben Monaten wird dieser Mann neue Wege bei der Arbeit gehen.
Diese werden ihm Glück bringen.

Seite 83

b) Nr. 5 Baum
Basiswissen:

Baum	Leben, Abstammung, Stabilität; Etwas, das man mit Sicherhit erleben wird.

Zeitkarte:

Baum	Innerhalb von 9 Monaten.

Baum + Frau + Storch + Kind

Allgemein:
Mit Sicherheit wird es bei dieser Frau zu einer Veränderung kommen, die mit einem Kind in Zusammenhang steht.

Mit Zeitkarte
Innerhalb der nächsten 9 Monate wird es bei dieser Frau zu einer Veränderung kommen, die mit einem Kind zusammen hängt.

Seite 84

c) Nr. 3 Schiff
Basiswissen:

Schiff	Kleine Reise, Fahrt, Nachbarstadt, innerhalb des Landes

Zeitkarte:

Schiff	Innerhalb von 3 Monaten

Schiff + Storch + Schlüssel + Mond

Allgemein:
Man wird eine kleine Reise oder Fahrt mit dem Wagen unternehmen. Diese wird entweder am Abend, oder aber in Richtung Norden stattfinden.

Mit Zeitkarte
Innerhalb der nächsten drei Monate wird man sich mit dem Wagen in Richtung Norden aufmachen.

Seite 85

d) Nr. 2 Klee
Basiswissen:

Klee	Kleines Glück, glückliches Gelingen, glücklicher Ausgang

Zeitkarte:

Klee	Bald, 2 Stunden, 2 Tage, 2 Wochen, 2 Monate

Klee + Brief + Mann + Herz

Allgemein:
Eine schöne Nachricht von einem geliebten Mann.
Mit Zeitkarte
In Kürze erhält man eine schöne Nachricht von einem geliebten Mann.

Seite 86

e) Nr. 10 Sense
Basiswissen:

Sense	Plötzliches Ende, unerwarteter Neubeginn, Durchsetzung

Zeitkarte:

Sense	Plötzlich, Herbst

Sense + Storch + Haus + Fische + Vögel

Allgemein:
Es wird zu einer unerwarteten häuslichen Veränderung / Umzug kommen, die mit finanziellen Schwierigkeiten verbunden ist.

Mit Zeitkarte
Im Herbst wird es zu einer häuslichen Veränderung / Umzug kommen, die mit finanziellen Schwierigkeiten verbunden ist.

Seite 88

Karten mit all ihren Bedeutungen

Was sagt die Karte aus:

Nr. 6 Wolken

Allgemein:
→ Undurchschaubar, nicht deutlich erkennbar, Unklarheiten
Besonderheiten:
→ Am Ende einer Kartenreihe löst sich alles auf.
Zeitkarte: → nein
Zukunftskarte: → nein

Was sagt die Karte zusätzlich noch aus?

Eigenschaften einer Person:
→ Undurchsichtigkeiten, Unklarheiten, Unsicherheit, Launenhaftigkeit
Krankheiten:
→ Durchblutung, Augen
Beruf:
→ Alle Berufe, die sich auf Esoterik und Spirituelles beziehen
Chakra:
→ Stirnchakra
Edelsteine:
→ Bergkristall
Farbe: → nein
Tiere: → nein
Astrologisch: → nein

Seite 89

Was sagt die Karte aus:

Nr. 10 Sense

Allgemein:
→ Plötzlich, Durchsetzungskraft
Besonderheiten:
→ Am Anfang: Plötzlicher Neubeginn, Am Ende: Plötzliches Ende
Zeitkarte:
→ Plötzlich, unerwartet, Herbst
Zukunftskarte: → nein

Was sagt die Karte zusätzlich noch aus?

Eigenschaften einer Person:
→ Dominant, durchsetzungsfähig, aggressiv, einschneidend
Krankheiten:
→ Plötzliche Erkrankung, Schnitt, Operation oder kleinerer Eingriff
Beruf: → nein
Chakra: → nein
Edelsteine:
→ Bernstein
Farbe:
→ Ocker
Tiere: → nein
Astrologisch: → nein

Seite 90

Was sagt die Karte aus:

Nr.32 Mond

Allgemein:
→ Anerkennung, Gefühle, Norden
Besonderheiten: → nein
Zeitkarte:
→ Nacht, Abendstunde
Zukunftskarte: → nein

Was sagt die Karte zusätzlich noch aus?

Eigenschaften einer Person:
→ Sensibel, gefühlsbetont, alles ernst nehmend, verträumt, überempfindlich
→ Schlafstörungen, seelische Erkrankungen
Beruf:
→ Arbeit in der Nacht oder nachmittags, Schichtarbeit
Chakra: → nein
Edelsteine:
→ Mondstein, Opal
Farbe: → nein
Tiere: → nein
Astrologisch:
→ Krebs

Seite 91

Was sagt die Karte aus:

Nr. 35 Anker

Allgemein:
→ Alter, Länge Tiefe, Ausland, weite Reise
Besonderheiten: → nein
Zeitkarte:
→ Von langer Dauer
Zukunftskarte:
→ Innerhalb 2 Jahre

Was sagt die Karte zusätzlich noch aus?

Eigenschaften einer Person:
→ Tiefblickend, tiefgreifend, beständig, Halt gebend
Krankheit:
→ Angst vor tiefem Wasser, Venenprobleme, Ödeme, Wassereinlagerungen
Beruf:
→ Arbeit im Ausland, Astrologie
Chakra: → nein
Edelsteine:
→ Lapislazuli, Türkis
Farbe: → nein
Tiere: → nein
Astrologisch:
→ Schütze

Seite 92

Was sagt die Karte aus:

Nr. 21 Berg

Allgemein:
→ Stärke, Macht, Größe, Breite, unüberwindliches Hindernis, Blockade
Besonderheiten: → nein
Zeitkarte:
→ Winter
Zukunftskarte: → nein

Was sagt die Karte zusätzlich noch aus?

Eigenschaften einer Person:
→ Blockiert, hart, versteinert, gehemmt, mächtig, stur, starr, undurchdringlich
→ Man fühlt sich durch übermäßige Belastung schwach, sieht nur noch Hindernisse und Blockaden vor sich
Beruf:
→ körperlich belastende Arbeit
Chakra: → nein
Edelsteine: → nein
Farbe:
→ braun
Tiere: → nein
Astrologisch:
→ Steinbock

Seite 93

Was sagt die Karte aus:

Nr.3 Schiff

Allgemein:
→ Kurze Reise, Nachbarstadt, innerhalb des Landes, Bewegung, Schwung
Besonderheiten: → nein
Zeitkarte:
→ Innerhalb eines Zeitraumes von etwa 3 Monaten wird etwas ins Rollen kommen.
Zukunftskarte: → nein

Was sagt die Karte zusätzlich noch aus?

Eigenschaften einer Person:
→ Reiselust, Freiheitsliebe, Ungebundenheit
Beruf:
→ Vertreter, Berufe in denen man häufig unterwegs ist.
Krankheit:
→ Reisekrankheit, eine Reise macht krank, während der Reise wird man krank
Chakra: → nein
Edelsteine: → nein
Farbe: → nein
Tiere:
→ Fische, Wassertiere
Astrologisch: → nein

Seite 94

Was sagt die Karte aus:

Nr.36 Kreuz

Allgemein:
→ Glaube, Hoffnung, Vertrauen, Zuversicht, zukunftsweisend
Besonderheiten: → nein
Zeitkarte: → nein
Zukunftskarte:
→ ca. 1 Jahr

Was sagt die Karte zusätzlich noch aus?

Eigenschaften einer Person:
→ Religiös, gläubig, hoffnungsvoll
Krankheit:
→ Rückenschmerzen, Zukunftsängste
Beruf:
→ Pfarrer, Nonne, Mönch
Chakra:
→ Scheitelchakra
Edelsteine:
→ Diamant, Fluorit
Farbe: → nein
Tiere: → nein
Astrologisch: → nein

Seite 95

Was sagt die Karte aus:

Nr.5 Baum

Allgemein:
→ Leben, Wurzel, Familie, Abstammung, Stabilität
Besonderheiten: → nein
Zeitkarte:
→ 9 – 12 Monate
Zukunftskarte:
→ Etwas wird mit Sicherheit auf uns zukommen

Was sagt die Karte zusätzlich noch aus?

Eigenschaften einer Person:
→ Liebe zur Natur, Stabilität, auf Sicherheit bedacht
Krankheit:
→ Immunsystem
Beruf:
→ Zukünftige Arbeit, Berufe, die allgemein als zukunftssicher gelten
Chakra:
→ Wurzelchakra
Edelsteine:
→ Versteinertes Holz
Farbe:
→ Moosgrün
Tiere: → nein
Astrologisch
→ Stier

Seite 96

Was sagt die Karte aus:

Nr.16 Sterne

Allgemein:
→ Intuition, seelisch, Sehnsucht
Besonderheiten: → nein
Zeitkarte: → nein
Zukunftskarte: → nein

Was sagt die Karte zusätzlich noch aus?

Eigenschaften einer Person:
→ Hellsichtig, sensibel
Krankheit:
→ Depressionen, seelisch angegriffen, Tränen
Beruf:
→ Spirituell – z.B. esoterische Berufe; mit Verbindungskarte: Weiße Magie, Hellsehen, Kunst
Chakra: → nein
Edelsteine:
→ Aquamarin, Perle
Farbe:
→ Alle hellen Blau. und Türkistöne
Tiere: → nein
Astrologisch:
→ Fische

Seite 97

Was sagt die Karte aus:

Nr. 1 Reiter

Allgemein:
→ Gespräche, Kontakte aller Art
Besonderheiten: → nein
Zeitkarte: → nein
Zukunftskarte: → nein

Was sagt die Karte zusätzlich noch aus?

Eigenschaften einer Person:
→ Sportlich, fit, offen, sprunghaft, redselig, kontaktfreudig
Krankheit:
→Bronchien, Halsschmerzen, Sprachprobleme, Kontaktangst
Beruf:
→ Berufe in denen der Kontakt zu Menschen eine große Rolle spielt, Berufe mit Sprache /z.B. Lehrer, Übersetzer .....
Chakra:
→ Kehlkopfchakra
Edelsteine:
→ Beryll, Aquamarin
Farbe: → nein
Tiere:
→ Pferd, Pony, Rind, Großvieh
Astrologisch:
→ Zwilling

Seite 98

Was sagt die Karte aus:

Nr.22 Wege

Allgemein:
→ Getrennte Wege, neue Wege, Entscheidungen treffen, Lösungen suchen
Besonderheiten:
→ Vor einer Themenkarte: neue Wege, nach einer Themenkarte: getrennte Wege
Zeitkarte:
→ ca. 7 Wochen, 7 Monate
Zukunftskarte: → nein

Was sagt die Karte zusätzlich noch aus?

Eigenschaften einer Person:
→ nach Lösungen suchend
Krankheit:
→ Stress
Beruf: → nein
Chakra: → nein
Edelsteine: → nein
Farbe: → nein
Tiere: → nein
Astrologisch: → nein

Seite 102 – 103

Vertiefung des Kartenbildes
Wir legen ein ganzes Kartenbild aus und stellen Fragen

Ziehen einer Stimmungskarte

Bedeutung der Stimmungskarte:

Gelb*: von Dunkel nach Hell*:
Hang zu Versplitterungen, Unsicherheit, Spannungen, Nervosität

1) Wie kann ich die Information aus der *Stimmungskarte* mit der Information seitens des Kunden verbinden?
→ Der Kunde ist augenblicklich verunsichert.
Er neigt allgemein dazu, sich zu verzetteln und von einer Angelegenheit zur nächsten zu springen.

2)Bitte werfen Sie nun einen tieferen Blick in Ihr Tableau und beantworten Sie die folgenden Fragen:

3) Welches Problem steht augenblicklich an?
→ Es muss eine Lösung gefunden und eine Entscheidung getroffen werden. (Nr. 22 Wege als erste Karte des Tableaus)

4) Denkt dieser Mann oft an die Vergangenheit oder ist er eher zukunftsorientiert?
→ Da er sich innerhalb der ersten Kartenreihe befindet, ist er zukunftsorientiert.

5) Ist dieser junge Mann mit seiner augenblicklichen Wohnsituation zufrieden?

→Anhand der Karten Berg, Haus und Ratte lässt sich leicht erkennen, dass er augenblicklich nicht sehr glücklich darüber ist, wieder zuhause bei seinen Eltern zu wohnen.
Die Situation dort belastet und blockiert ihn.
Möglicherweise fühlt er sich von den Eltern unter Druck gesetzt, was das häusliche Klima stark belastet.
Stress und Unsicherheit sind im Leben dieses jungen Mannes also quasi an der Tagesordnung.

6) Welche Karten sprechen für die Arbeit im Betrieb des Freundes und welche Aussagen können Sie den Karten entnehmen?

→Die Karten Turm, Schlüssel + Storch zeigen uns, dass er zurzeit als Kurierfahrer bei seinem Freund tätig ist.

Da sein Freund (Bär) augenblicklich mit einem gesundheitlichen Problem zu kämpfen hat, das hauptsächlich seine Gelenke und Beine betrifft (Sarg+ Schlüssel + Storch), ist er auf die Hilfe des jungen Mannes angewiesen und möchte diesen am liebsten fest in seinem Unternehmen einstellen.
Nun plagt sich unser Kunde mit der Gewissensfrage, ob er eher seinem Freund, oder aber seiner eigenen Zukunft verpflichtet ist.

7) Was spricht gegen diese Arbeitsstelle?

→Die senkrechte Deutungslinie von der Karte Turm aus gesehen zeigt, dass diese Anstellung nicht von Dauer sein wird.
Innerhalb der nächsten drei Jahre (Die Karte Bär wurde in diesem Fall als Zeitkarte gedeutet. In einer anderen Aussage zu diesem Tableau können Sie den Bären auch wieder als den Freund des Mannes deuten!) wird oder würde dieser Mann seine Arbeit wieder aufgeben (Turm + Bär + Sarg).

8) Welche Karten sprechen für die Schule?
→Eine weitere Ausbildung (Turm + Buch weisen auch auf ein Studium hin) brächte dem Kunden den erwünschten Erfolg (Zukunftskarte Kreuz + Sonne).

Dies wird selbstverständlich längere Zeit in Anspruch nehmen (Kreuz).

Lesen wir die senkrechte Deutungslinie von der Ankerkarte aus nach oben, so erkennen wir ebenfalls, dass sich der Traum von einem Studienaufenthalt im Ausland für ihn verwirklichen könnte.

Innerhalb der kommenden zwei Jahre würde sich für ihn damit tatsächlich die Möglichkeit eines Auslandsaufenthaltes ergeben.

An dieser Stelle könnte man übrigens zusätzlich noch eine Ergänzungskarte ziehen lassen.

In unserem Beispiel nehmen wir an, es handele sich um die Karte „Blick".

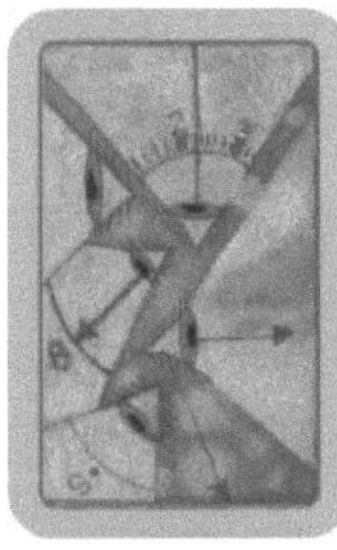

Blick
Richtung
nach vorne sehen
Hoffnung
Beständigkeit

Tipp:
Ergänzungsbuch
Incl.
14 Karten.
Erhältlich im
Brika-Verlag

Diese Karte weist nun noch einmal darauf hin, den Blick nach vorne zu richten und die Zukunft nicht aus den Augen zu verlieren.

Wer seinen Weg gehen möchte, darf sich nicht allzu viele (oder auch allzu weite) Abschweifungen leisten.

Ein kleiner Blick nach links und rechts ist sicher erlaubt, doch alles in allem sollte man seine Zukunftsträume trotz aller Hindernisse im Auge behalten und sich beständig Schritt für Schritt seinem Ziel annähern.

9) Wozu würden Sie diesem Mann im Bezug auf diese Entscheidung raten?

→ Diese Entscheidung sollte in keinem Fall unüberlegt gefällt werden (Wege + Fuchs).

Eine wohl durchdachte Entscheidung bringt ihm hingegen Glück (Blumen).
Die Karten Nr. 22 Wege und Nr. 23 Ratte warnen allerdings davor, sich unnötigem Stress auszusetzen.

10) Fassen Sie nun die bisherigen Antworten in einer abschließenden Deutung zusammen!

→ Zusammenfassend würde ich diesem jungen Mann raten, seinen Weg nicht aus den Augen zu verlieren und weiterhin zur Schule zu gehen.

Schließlich darf bei aller Solidarität mit seinem Freund und all den Chancen auf einen schnellen Verdienst, die er bei einer Anstellung in diesem Kurierdienst vielleicht hätte, nicht vergessen werden, dass sich eine solide Schulbildung, ein guter Abschluss und ein Studium auf sein gesamtes weiteres Leben auswirken würden.
Dies muss jedoch natürlich nicht gleichzeitig bedeuten, die angebotene Tätigkeit rigoros abzulehnen und den erkrankten Freund rücksichtslos seinem Schicksal zu überlassen.
Unser junger Mann könnte ja beispielsweise neben der Schule weiterhin als Teilzeitkraft in diesem Unternehmen jobben und seinem Freund auf diese Weise aus der Patsche helfen.

Wichtiger für ihn wäre allerdings, die eigene Karriere längerfristig zu planen, und auch seine Träume von einer Karriere im Ausland nicht aus einer Laune heraus aus den Augen zu verlieren.

Mag das Angebot ihm auch jetzt verlockend erscheinen, da es ihm die Chance böte, die Enge des Elternhauses zu verlassen und sich wieder eine eigene Wohnung zu nehmen, auf die lange Sicht könnte er sich durch diese jähe Unterbrechung seiner Karrierepläne selbst ein Bein stellen.

11) Wäre es ratsam, abschließend eine weitere Karte aus einem der Zusatzkartensets zu ziehen?

→ Abschließend könnte man an dieser Stelle noch eine Zigeunerkarte ziehen lassen.

In diesem Beispiel könnte es sich um die Zigeunerkarte „Schmetterling“ handeln.
Diesmal in der Kehrbedeutung.

Kehrbedeutung

flatterhaft,
unbeständig

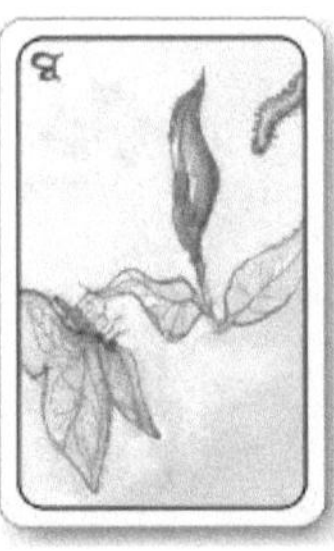

Tipp:
Zigeunerbuch
Incl. **14 Karten.**
Erhältlich im
Brika-Verlag

Die sprichwörtliche Flatterhaftigkeit eines Schmetterlings kann besonders für Menschen, die sich ihrer selbst nicht ganz sicher sind, eine große Faszination darstellen.

Jeder Mensch kommt irgendwann einmal in eine Lage, in der es ihm schwer fällt, sich zu entscheiden, und einmal getroffene

Entscheidungen müssen mitunter auch rückgängig gemacht werden.

Jedoch sollte man stets darauf achten, sich nicht allzu sehr zu verzetteln und von seinem eigentlichen Weg abzukommen.

Wer allzu sprunghaft von einer Chance zur nächsten eilt, nimmt sich alle Chancen einer Karriere, die längerfristige Planung und Durchhaltevermögen erfordert.

Seite 110 / 111

Legesysteme

Übung - Schnelllegung

Die Karten weisen auf den ersten Blick deutlich auf die Verworrenheit der Situation hin: Wege, Wolken und Rute zeigen Trennungen, Unklarheiten und Streit, und die zentrale Lage der Karte Bär macht deutlich, wie wichtig seine Person in diesem Zusammenhang ist.

Alle Veränderungen, die wieder zueinander führen würden, sind augenblicklich blockiert und von Behinderungen geprägt (Störche + Schiff + Berg).
Auch die diagonale Deutungslinie zeigt, dass aufgrund des Geldes noch immer Blockaden und Hindernisse bei der Kundin bestehen (Fische + Berg + Frau).

Möchte diese Frau nun wieder auf ihren Bruder zugehen, so hat sie einen langen Weg vor sich (Nr.3).
Es wird also nicht leicht werden, vergangene Verletzungen endgültig hinter sich zu lassen und gemeinsam einen neuen Anfang zu wagen.

Dies bestätigten auch die beiden letzten Karten, Reiter und Vögel.
Im Grunde liegt die Lösung des gesamten Problems in einer Reihe von Aussprachen, die endlich wieder Klarheit in die verworrene Situation bringen würden.

Diese Gespräche sind allerdings mit viel Mühen und auch Kummer verbunden, denn mit Sicherheit werden sich die beiden Geschwister nicht nur Freundlichkeiten zu sagen haben.

Tipp: Versuchen Sie einmal die Karten Reiter + Frau + Storch + Wege als abschließende Diagonale zu sehen.

Diese Betrachtungsweise ist zwar bisher nicht zur Anwendung gekommen, bringt uns jedoch noch einmal die Bestätigung unserer Vermutung: Gespräche brächten dieser Frau endlich die gewünschte Veränderung, wodurch sich letzten Endes wieder ganz neue Wege für ein Miteinander auftun könnten.

Innerhalb der letzten Jahre ist zwischen Bruder und Schwester viel kaputt gegangen.
Daher kann die Lage nur verbessert werden, wenn beide Seiten bereit sind, ihren Stolz herunterzuschlucken und sich um einen gemeinsamen Neuanfang zu bemühen.
Große Hindernisse sind auf diesem Weg zu überwinden, viel Geduld und vor allem Taktgefühl und Bedacht sind nötig, um Missverständnisse endlich aus dem Weg zu räumen.

Um diese, nun doch sehr ausführliche, Legung abzuschließen, bitte ich die Dame, zusätzlich zu den bereits genutzten Karten noch eine Ergänzungskarte zu ziehen.

Hierbei handelt es sich um die Karte „Häuser" (Mühen, bemühen).

Ergänzungskarte: Häuser

Im Grunde bestätigt diese Ergänzungskarte unsere zuvor gemachte Aussage: Es wird diese Kundin sicherlich eine Menge Überwindung kosten, sich nach all dieser Zeit wieder bei ihrem Bruder zu melden und diesen um eine Aussprache zu bitten, doch ein Schritt in diese Richtung wäre die Mühe sicherlich wert.

Wichtig ist allerdings, nicht in das alte Schema aus Vorwürfen und Verletzungen zurückzufallen, sondern einen wirklich neuen Anfang zu wagen.

Zudem ist uns ja an dieser Stelle nicht bekannt, wie der Verkauf ausgegangen wäre, wenn die Angelegenheit damals anders geregelt worden wäre.
Insofern ist es vollkommen unmöglich zu erkennen, wer letzten Endes im Recht gewesen wäre.
Daher sollten Vorwürfe aller Art aus diesem Gespräch nach Möglichkeit herausgehalten werden.

Abschließend ziehen wir nun eine Zigeunerkarte:

Baum in der Kehrbedeutung:

Kehrbedeutung
stur
unflexibel
erstarrt
auf seine eigene Ansicht fixiert
egoistisch

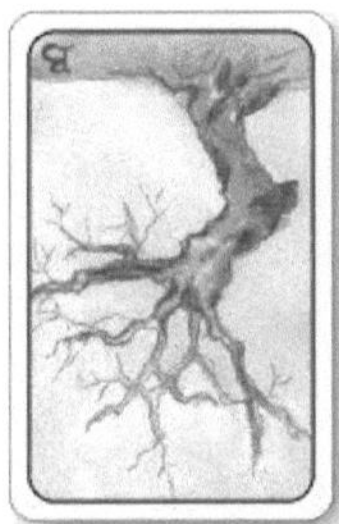

Steht die Baumkarte auf dem Kopf, so weist sie uns darauf hin, uns nicht allzu sehr auf unsere eigenen Ansichten zu versteifen. So wie ein Baum, dessen Stamm eine gewisse Dicke und Härte erreicht hat, jegliche Flexibilität einbüßt und bei einem Sturm

trotz seiner enormen Größe und Dicke eher entwurzelt wird, als ein biegsames und flexibles junges Bäumchen, so neigen auch manche Menschen dazu, sich im Laufe der Jahre allzu sehr auf ihre Ansichten zu versteifen,
Auf diese Weise laufen sie jedoch Gefahr, Freunde und Bekannte vor den Kopf zu stoßen und letzten Endes vielleicht sogar zu verlieren.

Möchte die Kundin also wieder Kontakt zu ihrem Bruder bekommen und halten, so muss auch Sie flexibel, ja gerade zu biegsam werden, und akzeptieren, dass Menschen zuweilen eben aus ihren Schwächen und Ängsten heraus reagieren und ein perfektes Zusammenleben nach ihren Vorstellungen ganz einfach nicht immer möglich ist.

Testaufgaben

Die Lösungen zu den Testaufgaben finden Sie im Anschluss ab Seite 173!

Übung 1

Bitte interpretieren Sie die beiden Karten:
(Bei dieser Frage gibt es zwei richtige Lösungen!)

1. Es handelt sich um eine Kombination.
2. Zukunftsängste
3. Man verliert etwas in seinem Leben.
4. Lebensängste
5. In der Zukunft verliert man Geld.

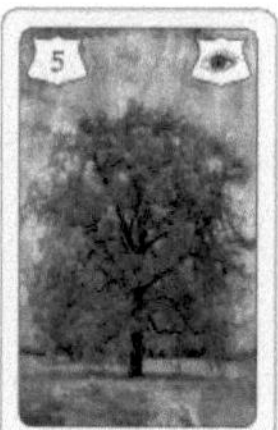
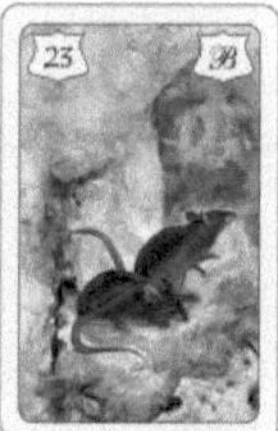

....

Übung 2

Bitte interpretieren Sie die folgende Kartenreihe!

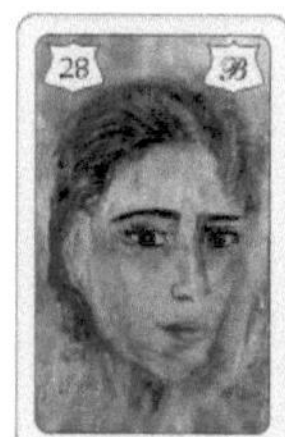
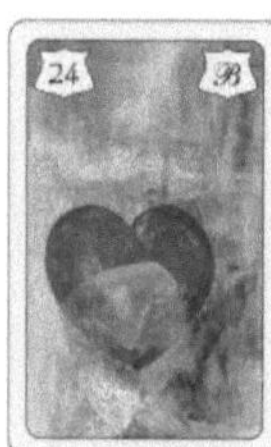

....

Lösung: Ab Seite 173

Übung 3
Welche der folgenden Aussagen sind zutreffend?

1. Dieser Mann ist dominant.
2. Dieser Mann möchte etwas beenden.
3. Dieser Mann möchte aufs Feld gehen.
4. Bei diesem Mann handelt es sich um einen Landwirt.
5. Dieser Mann ist streitsüchtig.
6. Die Person hat Kummer.
7. Es handelt sich um einen aggressiven Charakter

....

Übung 4
Bitte interpretieren Sie die folgende Kartenreihe!

1. Ändert sich die Interpretation, wenn eine gesamte Kartenreihe mit der Wolkenkarte abschließt?

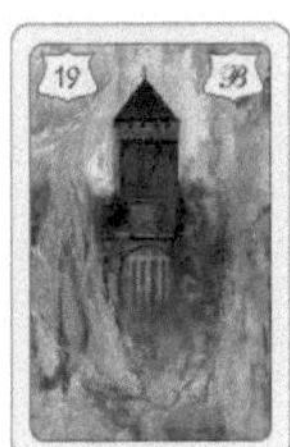
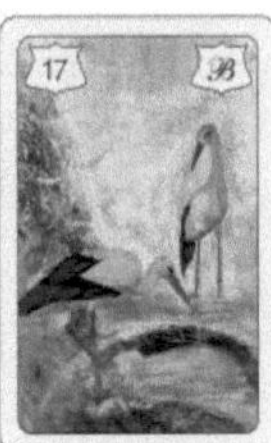

....

Lösung: Ab Seite 173

Übung 5

Diese Kartenreihe gehört einem Mann.

Dieser Mann hegt den Wunsch, Eigentum (ein Haus oder eine Eigentumswohnung) zu erwerben.

Fragen:

1. Würden Sie diesem Mann raten, Eigentum zu erwerben?
2. Sollte er sich bereits um ein passendes Objekt bemühen? (Nr. 12 → a) Mühe, b) bemühen)
3. Sollte er noch warten?
4. Wie viele Kombinationen befinden sich in dieser Kartenreihe?

Bitte interpretieren Sie die Karten!

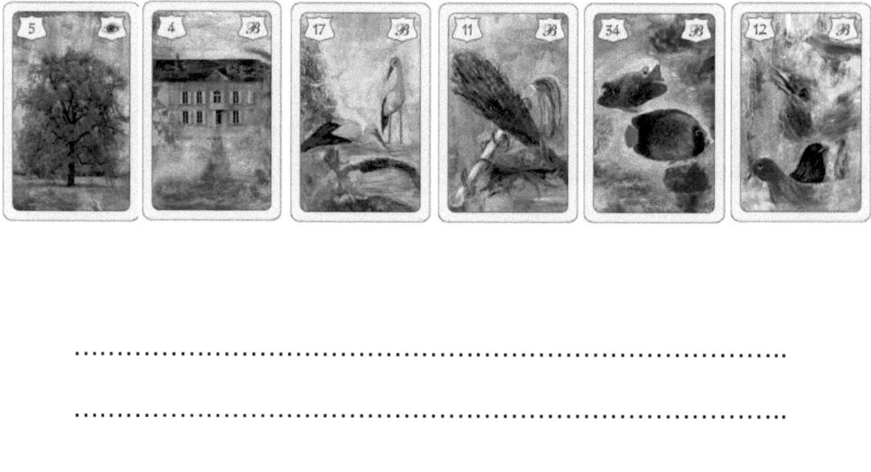

....

....

....

***Lösung**: Ab Seite 173*

Übung 6
Fragen zu diesem Kartenbild:

1. Auf wen beziehen sich die ausgelegten Karten?
2. Steht diese Person vor einer Entscheidung?
3. Worauf bezieht sich die Entscheidung?
4. Wäre es möglich, das Blatt noch einmal zu wenden und zu einem positiven Ausgang zu gelangen?
5. Was würden Sie der Person raten?

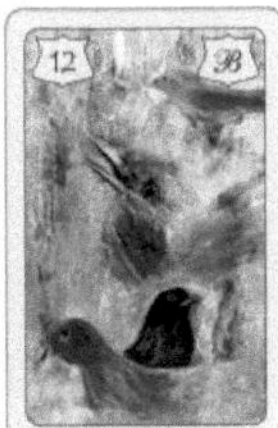

....

....

Lösung: Ab Seite 173

Übung 7
Frage: Welche 2 Aussagen sind richtig?
Interpretieren Sie anschließend die Kartenreihe!

1. Diese Kartenreihe enthält eine Kombination.
2. Die Reihe enthält keine Kombination. Die Karten müssen jede für sich gedeutet werden.
3. Diese Nachricht ist positiver Natur.
4. Es handelt sich um eine Nachricht, die Unangenehmes mit sich bringt.

....

Übung 8

Bitte interpretieren Sie die folgende Kartenreihe!

Ändert sich die Interpretation, wenn die gesamte Kartenreihe mit der Sensenkarte abschließt?

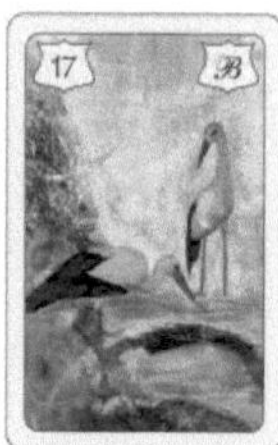
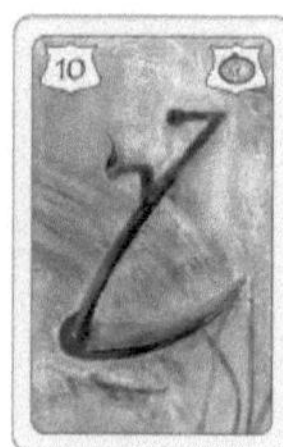

....

Lösung: Ab Seite 173

Übung 9
Bitte beantworten Sie die folgenden Fragen:

1. Ergeben diese 3 Karten zusammen eine Kombination?
2. Wenn dem so ist, was bedeutet diese Kombination?
3. Erkennen Sie eine Geldüberweisung oder Einzahlung in dieser Reihe?
4. Geht diese Überweisung verloren?

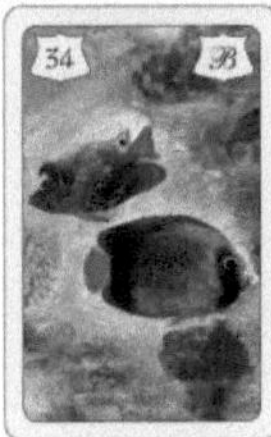

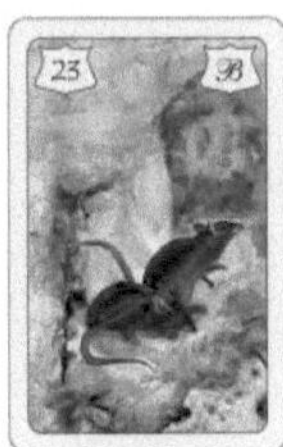

....

Übung 10
Fragen zu dieser Kartenreihe:

1. Hat diese Frau Grund zur Eifersucht?
2. Hat sie Streit mit ihrem Mann?
3. Leidet sie unter der dominanten Ader ihres Partners?
4. Macht sich die Frau unnötige Sorgen, die zu einem Streit führen können?

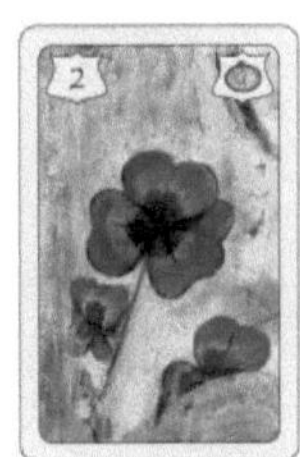

....

Lösung: Ab Seite 173

Übung 11
Bitte vervollständigen Sie die folgenden Kombinationen:

a) Geheimes Geld

Nr. 26 Buch + ...

b) Neue Liebe:

.... + Nr. 24 Herz

c) Eigentum:

Nr. 5 Baum + ...

d) Mietvertrag:

Nr. 4 Haus + ...

e) Allergien:

.... + Nr. 8 Sarg

Lösung: Ab Seite 173

Übung 12
Frage: Welche der folgenden Aussagen sind zutreffend?

1 Diese Kartenreihe enthält eine Kombination.
2 Die Kartenreihe enthält keine Kombination. Die Karten müssen nacheinander einzeln gedeutet werden.
3 Dieser Mann trifft intuitiv die richtigen Entscheidungen.
4 Übereilte Entscheidungen können zu Verlusten führen.

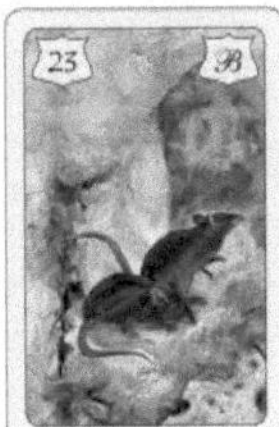

....

Übung 13
Fragen Diese Frau fühlt sich nicht wohl, was fehlt ihr?

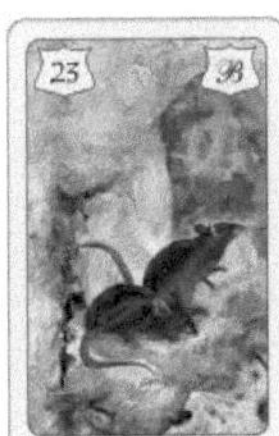

....

Lösung: Ab Seite 173

Übung 14
Bitte vervollständigen Sie die folgenden Kombinationen:

1. Hochzeit:
   Nr. 25 Ring + ...

2. Kollegin:
   Nr. 19 Turm + ...

3. Scheidung:
   Nr. 25 Ring + ...

4. Umzug:
   Nr. 4 Haus + ...

5. Kündigung:
   Nr. 19 Turm + ...

Lösung: Ab Seite 173

Übung 15
Frage: Welche der folgenden Aussagen trifft nicht zu?

1. Angst vor der Liebe.
2. Nach Enttäuschung kommt die Liebe wieder.
3. Man verliert eine Liebe
4. Herz, Kreislauf, Blutdruck.
5. Es handelt sich um eine Kombination.

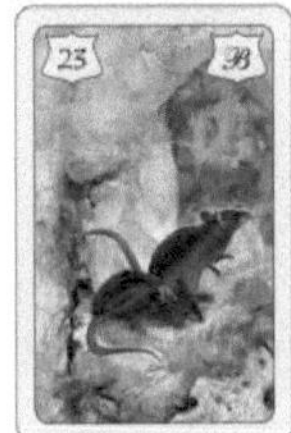

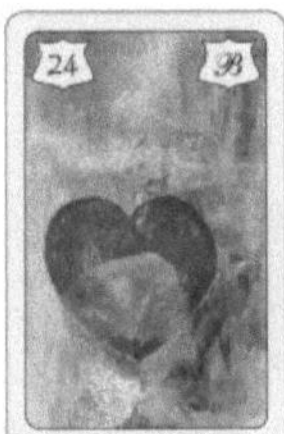

....

Übung 16
Interpretieren Sie bitte diese Karten

....

Lösung: Ab Seite 173

Übung 17
Frage: Welche Sorge belastet diesen jungen Vater?

1. Die finanziellen Belastungen wirken sich negativ auf das Familienleben aus.
2. Ärger am Arbeitsplatz führt zu einem gereizten Verhältnis mit seinen Kindern.
3. Das Kind dieses Mannes hat Ängste und Ärger in der Schule.

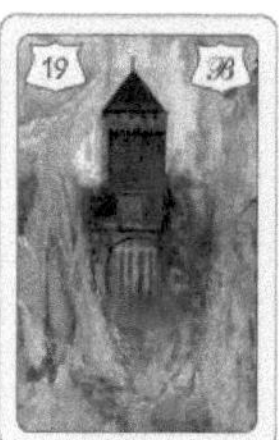

....

Übung 18
Interpretieren Sie bitte diese Kartenreihe:

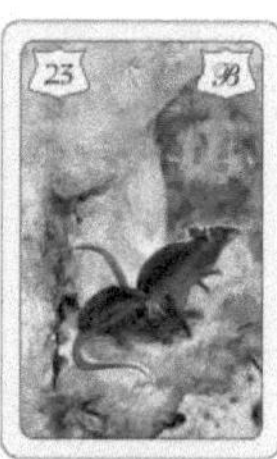

....

Lösung: Ab Seite 173

Übung 19

Aufgabe: Bitte ordnen Sie die Aussagen den entsprechenden Kartenkombinationen zu!

Achtung: Es bleiben Aussagen übrig!

1. Nr. 25 Ring
   Nr. 9 Blumenstrauß
2. Nr. 9 Blumenstrauß
   Nr. 35 Fische
3. Nr. 36 Kreuz
   Nr. 23 Ratte
4. Nr. 25 Ring
   Nr. 22 Wege
5. Nr. 25 Ring
   Nr. 10 Sense

a) Trennung

b) Glück mit Geld

c) Hochzeit

d) neue Ehe

e) Scheidung

f) Rückenschmerzen

g) Florist

Lösung: Ab Seite 173

Übung 20
Frage: Welche Aussagen können Sie hier machen?

1. Diese Kartenreihe enthält eine Kombination.
2. Die Reihe enthält keine Kombination. Die Karten müssen jede für sich gedeutet werden.
3. Diese Liebe beruht hauptsächlich auf finanzieller Abhängigkeit.
4. Kummer und Mühen werden diese Verbindung scheitern lassen.
5. Bei dieser Verbundenheit handelt es sich um eine äußerst tiefe Liebe.

....

Lösung: Ab Seite 173

Übung 21
Frage: Welche Aussage ist zutreffend?

1. Gehen Sie unter die Leute! Sie brauchen Kontakte, um glücklich zu sein!
2. Sie lieben Blumen.
3. Suchen Sie Ihr Glück in der Natur.
4. Ziehen Sie sich rechtzeitig in die Einsamkeit zurück, ehe Ihnen alles über den Kopf zu wachsen droht.
5. geschlossene Gesellschaft
6. Lassen Sie alles hinter sich und wagen Sie einen Neubeginn!

....

Übung 22
Interpretieren Sie bitte diese Karten:

....

Lösung: Ab Seite 173

Lösungen der Testaufgaben

Lösung Übung 1 – Seite 158

Antwort 1: Kombination
(Buch „ Alle Kombinationen auf einem Blick")
Antwort 4: Lebensängste
Die Karte Nr. 5 steht auch für das Leben.

Lösung Übung 2 – Seite 158

Dieser Mann hat eine Affäre mit seiner Arbeitskollegin. (Erinnern Sie sich an die Kombination Schlüssel und Herz? Das Zusatzbuch Alle Kombinationen auf einen Blick kann Ihnen helfen, Kombinationen schnell und einfach zu erkennen!)

Lösung Übung 3 – Seite 159

Aussage 1: Dieser Mann ist dominant.
Aussage 7: Es handelt sich um einen aggressiven Charakter.

Lösung Übung 4 – Seite 159

1. Veränderungen bei der Arbeit bringen Unklarheiten mit sich.
2. Ja. Liegt die Wolkenkarte am Ende einer Deutungsreihe, so muss diese Reihe anders als üblich gedeutet werden. Die Karte zeigt dann an, dass sich das zuvor Dargestellte wieder auflösen wird.

Lösung Übung 5 – Seite 160

1. Nein. Augenblicklich wäre dies meiner Meinung nach nicht ratsam, da er sich damit im Moment finanziell übernehmen würde.
2. Diesen Schritt hielte ich in der gegenwärtigen Situation für verfrüht.
3. Ja.
4. In dieser Kartenreihe befinden sich zwei Kombinationen a) Nr. 5 + Nr. 4 = Eigentum, b) Nr. 4 + Nr. 17 = Umzug oder Renovierung.

Lösung Übung 6 – Seite 161

1. Auf wen beziehen sich die ausgelegten Karten?
   → Diese Karten beziehen sich auf einen Mann.
2. Steht diese Person vor einer Entscheidung?
   → Ja. Er muss nach neuen Wegen und Lösungen suchen.
3. Worauf bezieht sich die Entscheidung?
   →Die Entscheidung, die getroffen werden muss, bezieht sich auf den Arbeitsplatz dieses Mannes.
4. Wäre es möglich, das Blatt noch einmal zu wenden und zu einem positiven Ausgang zu gelangen?
   →Unter Umständen wäre dies möglich.
   Allerdings wäre es mit sehr viel Mühe verbunden.
5. Was würden Sie der Person raten?
   →Raten Sie dieser Person, sich auf jeden Fall nach Kräften zu bemühen, eine Lösung zu finden.
   Zusätzlich könnte er sich weitere Gedanken um neue Wege (also vielleicht eine berufliche Umorientierung) machen. Bitte nicht vergessen:
   1. Die Karte Nr. 12 Kl. Kummer *bedeutet* auch *man muss sich bemühen*
   2. Die Karte Nr. 22 Wege bedeutet auch Lösungen suchen, Entscheidungen treffen.

Lösung Übung 7 – Seite 162

Welche 2 Aussagen sind richtig?
Frage 2
Frage 4
Das häusliche Glück wird durch eine unangenehme Nachricht gestört. ***Oder:*** Ins Haus kommt in Kürze eine unangenehme Nachricht.

Lösung Übung 8 – Seite 162

Veränderungen bei der Arbeit bringen eine Kündigung mit sich.
→ Ja. Liegt die Sensenkarte am Ende einer Deutungsreihe, so muss diese Reihe anders als üblich gedeutet werden.

Lösung Übung 9 – Seite 163

1. Ergeben diese 3 Karten zusammen eine Kombination?
   Ja.
2. Wenn dem so ist, was bedeutet diese Kombination?
   Vorsicht mit Verträgen, sonst droht großer Verlust.
3. Erkennen Sie eine Geldüberweisung oder Einzahlung in dieser Reihe?
   Nein.
4. Geht diese Überweisung verloren?
   Nein, lediglich Geld, das in einem Brief verschickt wird, könnte verloren gehen.

Lösung Übung 10 – Seite 163

1. Hat diese Frau Grund zur Eifersucht?
   Nein.
2. Hat sie Streit mit ihrem Mann?
   In dieser Kartenreihe erkennen wir zwar den Streit selbst, ihr Mann taucht jedoch gar nicht auf. Deshalb können wir auch nicht sagen, dass sie mit ihrem Mann im Streit liegt.
3. Leidet sie unter der dominanten Ader ihres Partners?
   Auch hier können wir keine Aussage anhand der vorhandenen Kartenreihe treffen.

4- Macht sich die Frau unnötige Sorgen, diese zu Streitereien ausarten?
   Ja. Die Dame macht sich immer wieder unnötige Sorgen*, über die sie sich selbst ärgert oder aufgrund derer sie in Kürze immer wieder Streit bekommt.
   *Wir erkennen aus den Karten Nr. 12 Vögel und Nr. 2 Klee, dass sich all diese Gedanken als überflüssig erweisen.

Lösung Übung 11 – Seite 164
Bitte vervollständigen Sie die folgenden Kombinationen:

a) Geheimes Geld
   Nr. 26 Buch + Nr. 35 Fische
b) Neue Liebe:
   Nr. 36 Kreuz + Nr. 24 Herz
c) Eigentum:
   Nr. 5 Baum + Nr. 4 Haus
d) Mietvertrag:
   Nr. 4 Haus + Nr. 25 Ring
e) Allergien:
   Nr. 9 Blumen + Nr. 8 Sarg

Lösung Übung 12 – Seite 165
Frage: Welche der folgenden Aussagen sind zutreffend?
2)
4)

Lösung Übung 13 – Seite 165
Diese Frau fühlt sich nicht wohl, was fehlt ihr?
→ Sie hat starke Kopfschmerzen (Migräne)

Lösungen Übung 14 – Seite 166
Bitte vervollständigen Sie die folgenden Kombinationen:

1. Hochzeit:
   Nr. 25 Ring + Nr. 9 Blumenstrauß
2. Kollegin:
   Nr. 19 Turm + Nr. 7 Schlange
3. Scheidung:
   Nr. 25 Ring + Nr. 10 Sense
4. Umzug:
   Nr. 5 Haus + Nr. 17 Storch
5. Kündigung:
   Nr. 19 Turm + Nr. 10 Sense

Lösung Übung 15 – Seite 167
Frage: Welche der folgenden Aussagen trifft nicht zu?

3. Man verliert eine Liebe
   In diesem Fall müsste die Karte Nr. 23 Ratte nach der Herzkarte (Liebe) liegen.

Lösung Übung 16 - Seite 167
Diese Frau hat Ärger/Streit mit einer Arbeitskollegin oder der Chefin.

Lösung Übung 17 - Seite 168
Frage: Welche Sorge belastet diesen jungen Vater?

4. Das Kind dieses Mannes hat Ängste und Ärger in der Schule.

Lösung Übung 18 - Seite 168
Dieser Mann muss Entscheidungen treffen, die ihm Angst machen.

Lösung Übung 19 – Seite 169
Aufgabe: Bitte ordnen Sie die Aussagen den entsprechenden Kartenkombinationen zu!
Achtung: Es bleiben Aussagen übrig!

1. = c)
2. = b)
3. = f)
4. = a)
5. = e)

Lösung Übung 20 – Seite 170
Frage: Welche Aussagen können Sie hier machen?

2. Die Reihe enthält keine Kombination. Die Karten müssen jede für sich gedeutet werden.
6. Bei dieser Verbundenheit handelt es sich um eine äußerst tiefe Liebe.

Lösung Übung 21 – Seite 171
Frage: Welche Aussage ist zutreffend?
1. Gehen Sie unter die Leute!
2. Sie brauchen Kontakte, um glücklich zu sein!

Lösung Übung 22– Seite 171
Interpretieren Sie bitte diese Karten!

Diese Frau steht vor einer Entscheidung.
Sie wird sich von ihrem Partner trennen, hat jedoch Angst vor dieser Entscheidung oder auch Angst vor der Reaktion ihres Partners.
Auch der Partner fürchtet die Trennung.

Schlusswort

Ich hoffe, die Arbeit mit dem vorliegenden Übungsbuch hat Ihnen Freude bereitet und verdeutlicht, welche Bereiche des Kartenlegens nach Art der Madame Lenormand noch der Verbesserung oder des vermehrten Übens bedürfen.

Stetes Üben und häufige Wiederholungen sollen Ihr Grundwissen festigen und Ihnen somit helfen, sich eine solide Basis im Umgang mit Ihren Karten aufzubauen.

So wird es Ihnen leichter fallen, zusätzliche Bedeutungen und Verwicklungen in Ihren Kartenbildern zu erkennen und später einmal ganz neue Tableaus zu entwickeln oder zu übernehmen.

Erst, wer sicher interpretieren kann, wird die Bedeutung der Karten ganz und gar verstehen und anwenden können.

Ich rate Ihnen daher immer wieder, Ihre Karten täglich zur Hand zu nehmen und spielerisch mit ihnen zu üben.

Die in diesem Buch auftauchenden Tipps und Anregungen sollen Ihnen weitere Möglichkeiten aufzeigen, das bisher Gelernte zu vertiefen.
Wie in allen Bereichen des Lebens, so lernt man auch beim Kartenlegen niemals aus.

Haben Sie sich erst einmal eine solide und feste Grundlage erarbeitet, so werden Sie selbst überrascht sein, wie weitläufig und vielseitig sich Ihre Karten interpretieren lassen, ohne, dass Sie dabei deren Grundbedeutung aus den Augen verlieren oder Gefahr laufen, zu weit vom eigentlichen Thema abzuschweifen.

Vielleicht nehmen Sie dieses Buch auch zur Anregung, sich immer wieder selbst ein paar ähnliche Aufgaben zu stellen, um ihr Wissen zu überprüfen.

Oder aber Sie notieren sich Ihre Antworten nicht im Buch selbst, sondern auf einem Extrazettel, so dass Sie die Fragen und Übungen nach einem gewissen Zeitraum erneut zur Hand nehmen und noch einmal bearbeiten können.

Ein Tipp zum guten Schluss:
Versuchen Sie nicht, alle Kapitel auf einmal zu bearbeiten, oder allzu sehr darin herumzuspringen.

Das Üben wird Ihnen leichter fallen, wenn Sie auch bei diesen Aufgaben schrittweise vorgehen.
Teilen Sie sich das Lernen und Üben daher in kleine Portionen auf und gehen Sie Schritt für Schritt vor.

So kommen Sie ruhig und stetig voran und lassen Ihrem Bewusstsein dabei ausreichend Zeit, das Neue tief in sich zu verankern.

Ihre Britta

Brittas bewährtes Lernsystem: Übersicht
Der große Selbstlernkurs oder die Lehrbücher I-IV (Grund- und Aufbaukurs)

Sie möchten das Kartenlegen erlernen? Geeignet für Hobby, Neben- oder Hauptberuf

Empfehlenswerte Zusatzbücher zum Selbstlernkurs

Das Interpretieren lernen, die Kombinationen auf einen Blick erkennen, weitere Legesysteme und Deutungsmethoden.

Lehrbücher V-VII (Zur Vertiefung des Kartenlegens)

Sie wollen tiefer in das Kartenlegen eindringen, mehr Wissen sammeln und sich sogar selbständig machen?

Ergänzungsbücher zum Kartenlegen (Auch zu anderen Kartendecks einsetzbar).

Sie haben eine schnelle Frage, wie z.B.

- Wie sieht es heute mit meiner Stimmung, Laune aus?
  *Ziehen Sie eine Stimmungskarte
- Wie soll man auf einen Disput reagieren?
  *Ziehen Sie auf die Frage eine Ergänzungskarte
- Weshalb ist etwas geschehen?
  *Ziehen Sie eine Zigeunerkarte, um die Antwort zu erhalten.

Brittas Wahrsagekarten mit Begleitbuch

- Jede Karte wird ausführlich erklärt und gedeutet, anhand des exklusiv für Britta gestalteten außergewöhnlichen Kartendecks
- Viele zusätzliche Anregungen und Denkanstöße.
- Zuordnungen zu Sternzeichen, Edelsteinen, Farben, Chakren, Berufen und Eigenschaften
- Zeitkarten sind mit einer Uhr gekennzeichnet,
- Zukunftskarten mit einem Auge.

Übersicht: Brittas bewährtes Lehrsystem

Der große Selbstlernkurs - Grund- und Aufbaukurs

Als Hobby, Neben-
oder Hauptberuf
Der große Selbstlernkurs
oder die Lehrbücher I-IV

Als Hobby, Neben-
oder Hauptberuf
Das große
Übungsbuch

Empfehlenswerte Zusatzbücher zum Selbstlernkurs

Interpretations-
hilfe

Kombinationen
auf einen Blick

Legesysteme mit
Fallbeispielen

Zur Vertiefung des Kartenlegens

Für angehende
Kartenleger/in
Hilfsmittel, Tipps,
Techniken, Fakten,
zur Selbständigkeit
Lehrbuch V

Professionelles
Kartenlegen
Grundstein für eine
eigene Existenz als
Kartenleger/in
Lehrbuch VI

Kartenbilder und ihre
Deutung
Ratgeber&Übungsbuch
für professionelle
Beratungsgespräche
Lehrbuch VII

Ergänzungsbücher zum Kartenlegen

Genaue Analyse
der Tagesstimmung
Stimmungsbuch
plus Karten

Die Frage nach der
Ursache „WARUM?
Zigeunerbuch
plus Karten

WIE soll ich
reagieren?
Ergänzungsbuch
plus Karten